AF642071

U »Was wir dachten, was wir taten« im Unterricht

INHALTSANGABE U.1

Lea-Lina Oppermanns Jugendroman »Was wir dachten, was wir taten« handelt vom Amoklauf an einer Schule *(school shooting)* und von seinen Auswirkungen auf Lehrer:innen und Schüler:innen.

In einem Klassenzimmer im zweiten Stock sitzt der autoritäre Herr Filler mit seinen 13 Oberstufenschülern bei einer Mathearbeit, darunter der dösende Einzelgänger Mark und die schüchterne Musterschülerin Fiona, als eine Lautsprecherdurchsage vor einem Amoklauf warnt. Noch während Lehrer und Schüler:innen über die Klausur und die Bedrohung von außen diskutieren, klopft es plötzlich an der Tür.

Vor der Tür zum Klassenzimmer erklingt das Schluchzen und Betteln eines Mädchens. Es entspinnt sich eine Diskussion unter den Schülerinnen und Schülern, ob die Tür geöffnet werden sollte, was Mark auf Wunsch Fionas und gegen den Willen Herrn Fillers beherzt tut. Plötzlich wird der Blick frei auf eine Pistole an der Schläfe eines Mädchens.

Der Amokläufer betritt das Klassenzimmer und zerstört den Lautsprecher, das Türschloss und die Handys der Schüler:innen. Als Fiona um Hilfe ruft, zerrt er sie ans Fenster und versetzt ihr einen Schlag. Dann schreibt er »Meine letzten Wünsche« an die Tafel und zieht plötzlich ein Bündel Briefe hervor.

Kleinlaut am Pult im Klassenzimmer sitzend verliest Herr Filler die ersten Wünsche des Amokläufers. Er soll Greta ins Gesicht spucken, Tamara mit Jan die Kleidung tauschen und Svea Ida-Sophie die Haare vom Kopf schneiden. Alle tun wie ihnen geheißen.

Fabio zückt an seinem Tisch im Klassenzimmer ein Klappmesser, weil Sveas Schere versagt. Als der Amokläufer ihn daraufhin entwaffnen will, versetzt Fabio ihm einen Schlag, bekommt aber einen Schuss durch die Hand ab. Ida-Sophie wirft das Messer auf den Amokläufer. Plötzlich fallen weitere Schüsse.

Noch immer ängstlich am Pult im Klassenzimmer sitzend liest Herr Filler weiter. Lasse soll seine Taschen ausleeren, David Jill seinen BigMac zu essen geben, Mark Herrn Fillers Doktorarbeit zerstören, Fiona Sylvester küssen, Luca Alines Hand ins Feuer legen, die Schüler:innen das Steinzeitskelett zerschlagen und dann Sylvester verprügeln. Alle tun wieder, wie es von ihnen verlangt wird.

Bevor die Schüler:innen sich im Klassenzimmer über Sylvester hermachen können, findet Fiona ihre Stimme wieder und spornt Mark an, den Amokläufer mit einem Knochenknüppel zu stellen. Im anschließenden Gerangel setzt sich dieser jedoch durch. Als ihm Sylvester die Maske vom Gesicht reißt, erkennen Lehrer und Schüler:innen plötzlich den Amokläufer.

»Was wir dachten, was wir taten« besticht durch die authentische Darstellung vom Tatort Schule, vom Täter und seinen Opfern, ohne Reflexionen zum Tatmotiv und zum Thema Wahrheit und Identität aus dem Weg zu gehen. Gegenwärtige Ereignisse und vergangene Geschehnisse, onomatopoetische und intertextuelle Bezüge, vielfältige Stilmittel sowie ein zehngliedriger Spannungsbogen lassen die jugendlichen Leser:innen hautnah miterleben, was Menschen in einer Extremsituation (selbst und über andere) denken und wie sie darin (für sich oder für andere) handeln. Die gelungene Mischung aus Anspruch und Unterhaltung macht den Roman »Was wir dachten, was wir taten« zur idealen Schullektüre.

U.2 Didaktisches Profil des Romans

Wie jeder andere Unterricht auch muss die Behandlung eines Jugendromans einerseits an die Lernvoraussetzungen der Schüler:innen anknüpfen und damit assimilative Aspekte bieten, andererseits auch zusätzliche Anforderungen an das Verstehen stellen. Das didaktische Potenzial des Romans als Unterrichtslektüre liegt damit in der Verknüpfung von vertrauten, assimilativen und eher neuen, akkommodativen Aspekten. Vertraute Charakteristika des Textes sorgen dafür, dass die Schüler:innen von sich aus einen Zugang zum Text finden können und dass Anknüpfungsmöglichkeiten für eine eigene Textdeutung vorhanden sind (Assimilation). Dieser Aspekt betrifft das lesefördernde Potenzial. Neue, zusätzliche Anforderungen, die der Text an ein Verstehen der Schüler:innen stellt, betreffen eher den Bereich des literarischen Lernens. Im Überblick lässt sich das didaktische Profil von »Was wir dachten, was wir taten« folgendermaßen darstellen:

Dimension des Textes	**Das Vertraute: Möglichkeit zur Assimilation (Leseförderung)**	**Das Neue: Notwendigkeit zur Akkommodation (literarisches Lernen)**
Wirklichkeitsbezug	▸ Fiktive Geschichte mit Realitätsbezügen	▸ Fiktiver Augenzeugenbericht
Thematik	▸ Schule ▸ Familie ▸ Mitschüler:innen	▸ Amoklauf ▸ (Häusliche) Gewalt ▸ Mobbing
Figuren	▸ Positive Identifikationsangebote für Jungen und Mädchen durch Schüler Mark Winter und Fiona Nikolaus ▸ Negative Identifikationsangebote durch Lehrer Anton Filler	▸ Empathie mit der Ambivalenz von Figuren wie Amokläuferin Beckie ▸ Umgang mit der Überzeichnung von Figuren wie Lehrer Anton Filler
Sprache/Stil	▸ Äußere und innere Handlung ▸ Direkte Rede (Gesprochenes und Gedachtes) ▸ Erinnerungen ▸ Spannung ▸ Parataxe	▸ Motiv des unerkannten Gegners ▸ Onomatopoesie (Lautmalerei) ▸ Stilmittel
Literarische Formelemente/ Erzählkonzept	▸ Chronologisches Erzählen mit assoziativen Elementen ▸ Ich-Perspektive ▸ Intertextualität (v.a. Jugendkultur)	▸ Polyperspektivik, Wir-Perspektive ▸ Direkte Anrede ▸ Paratext

Die Übersicht verdeutlicht die gelungene Mischung aus lesefördernden Potenzial und Notwendigkeiten zur Akkommodation bestehender Verstehensschemata. Besonders geeignet ist »Was wir dachten, was wir taten« für die Klassenstufen 7 bis 9. Die Stärke des Romans als Unterrichtslektüre liegt inhaltlich in den jugendnahen Themen Schule, Familie und Geschwister. Er bietet hinsichtlich der Figuren vielfältige Identifikationsangebote für Mädchen und Jungen. Formal überzeugt der Roman mit der Verknüpfung von Rahmenhandlung und Binnenerzählung bzw. äußerer und innerer Handlung, deren zehnteilige Spannungskurve die Leser:innen in ihren Bann zieht. Der Wechsel der Ich-Erzähler ermöglicht interessante Einsichten. Sprachlich reizvoll macht ihn die Verwendung von onomatopoetischen und intertextuellen Bezügen vor allem zur Jugendkultur. Die Einteilung in viele kurze und sehr kurze Ka-

»Was wir dachten, was wir taten« im Unterricht © Beltz Verlag · Weinheim

pitel ist auch für leseungewohnte Schüler:innen überschaubar und erlaubt eine chronologische Vorgehensweise, die sich langsam (über Paratext, S. 8–34, 34–69, 69–103, 103–161, 161–173) an den Gesamtroman herantastet.

LITERARISCHES PROFIL DES ROMANS

u.3

Themen und Motive

Das thematische Feld von »Was wir dachten, was wir taten« ist eng abgesteckt, denn in erster Linie handelt der Roman von der Tat eines *Amoklaufs* (*school shooting*). Ausgemalt wird im Besonderen der Weg von der Vorwarnung (Durchsage im Lautsprecher, S. 7) bis zur Entwarnung (Ansage des Lehrers, S. 168), vom Eintritt ins Klassenzimmer mithilfe des Mädchens (S. 34) bis zum Austritt aus dem Leben aufgrund des Selbstmords (S. 166), vom Herausdrängen der Außenwelt (Zerstörung des Lautsprechers, S. 41; des Schlosses, S. 50; der Handys, S. 59) bis zu ihrem Hereindrängen (Türsprengung der Polizei, S. 174), vom Gehorsam der Geiseln (Erfüllen der Wünsche) bis zu ihrem Ungehorsam (Aufbegehren Fabios, S. 96; Ida-Sophies, S. 101; Marks, S. 157).

Nachgezeichnet werden im Allgemeinen die Phasen eines Amoklaufs von der Idee (Beobachtung und Erfahrung von Ungerechtigkeit, S. 170; Wunsch nach und Herstellung von Gerechtigkeit, S. 164; Auslöser möglicherweise Vergewaltigung, S. 171 f.) über die Vorbereitung (Bewaffnung, S. 34; Maskierung, S. 35; Verkleidung, S. 36; Briefe, S. 67; Abschiedsschreiben, S. 170–173) und die Durchführung (zehn Wünsche, S. 71, 81, 87, 104, 111, 123, 134, 137, 148, 153) bis zum Abschluss (Selbstmord, S. 166).

In zweiter Linie geht es im Roman (passend zum Buchtitel) um die *Auswirkungen des Amoklaufs* auf das Denken und Handeln dreier Opfer. Dargestellt wird zum einen, wie sich Mark, Fiona und Herr Filler aufgrund der Gewalttat an eigene familienbezogene Gewalterfahrungen in der Vergangenheit erinnern (Mark und sein Vater, S. 27, 49; Fiona und die zwei Typen, S. 30; Herr Filler und seine Brüder, S. 46, und seine schmerzhafte Doktorarbeit als Teil seiner Familie, S. 127) bzw. an frühere Erfahrungen von fremder Stärke (Mark: Vater; Fiona: Schwester; Herr Filler: Freundin) und eigener Schwäche.

Veranschaulicht wird zum anderen, wie sich die drei Protagonisten angesichts der Gewalttat in der Gegenwart gewaltig anders als früher verhalten (Mark wach statt dösend, S. 28; Fiona ruhig statt aufgeregt, S. 33 und aktiv statt passiv, S. 156; Herr Filler feige statt autoritär, S. 27) – und ihre anfänglichen Bilder vom jeweils anderen (Fiona über Mark: »Idiot«, S. 11; Herr Filler über Mark: »Einzelkämpfer«, S. 21; Herr Filler über Fiona: »folgsam und pflegeleicht«, S. 20; Mark über Fiona: nie »so wütend, so klar«, S. 26; Fiona über Herrn Filler: »smarte Mathelehrer«, S. 9; Mark über Herrn Filler: »großkotzigste Lehrer«, S. 24) später revidieren müssen.

In dritter Linie gewährt »Was wir dachten, was wir taten« Erkenntnisse über den *Schauplatz des Amoklaufs*, wenn einerseits aus der Sicht eines desillusionierten Lehrers geschildert wird, woraus der Tatort Schule seiner Meinung nach eigentlich besteht: aus Lehrenden in Vorbildfunktion, die Akzeptanz und Toleranz vertreten sollen, sich aber nach früheren Jahrhunderten sehnen (S. 18); aus Lernenden im Coolness-Modus (S. 19), die Disziplin an den Tag legen (S. 126) und die Schulordnung befolgen sollen (S. 98), sich aber wankelmütig und bestechlich (S. 23) sowie faul und hormongesteuert zeigen (S. 75); aus einem Alltag voller Klassenarbeiten (S. 17), Klausur- (S. 123) und Pausenaufsichten (S. 90), Beratungsgesprächen (S. 107), Elternsprechtagen (S. 103) und Fortbildungen (S. 21); im Wesentlichen aus einem täglichen Kampf (S. 75) mit ungleichen Waffen (S. 76) zwischen Lehrern auf Abstand (S. 164) und Schülerinnen/Schülern in Ablehnung (S. 75), überdies nun auch noch in der gefürchteten Extremsituation des Amoklaufs (S. 52).

Andererseits wird aus der Sicht demotivierter Schüler:innen beschrieben, was Schule ihrer Meinung nach tatsächlich ausmacht: das Ringen um Zugehörigkeit zu einer Gruppe (Musterschüler, Desinteressierte, Anführer, Muskelkohorte, Abgehängte und Einzelkämpfer, S. 20 f.); das Kämpfen um Aufmerksamkeit des oder der Geliebten (Fiona schwärmt für Sylvester, S. 13; Mark ist in Fiona verliebt, S. 54; Sylvester steht auf Ida-Sophie, S. 16); hauptsächlich Fionas Abwendung von Sylvester (vorläufig S. 33; endgültig S. 137) und ihre Hinwendung zu Mark (Verachtung, S. 11; Beachtung, S. 15; Hochachtung, S. 28; Dankbarkeit, S. 63; Einvernehmen, S. 77, 156, 176).

Literarisch auffällig ist hinsichtlich des Täters das *Motiv des unerkannten Gegners*, wenn sich im Roman Bekannte ahnungslos feindlich gegenüberstehen: Wegen seiner Instinktlosigkeit erkennt Mark nicht, dass er seine alte Sitznachbarin vor sich hat (S. 110, 166). Wegen ihrer Entfremdung sieht Fiona nicht, dass sie ihrer alten Nothelferin gegenüber steht (S. 167). Wegen seiner Verhärtung durchschaut Herr Filler nicht, dass er mit seiner ehemaligen Beratungsschülerin konfrontiert ist (S. 166). Doch nicht nur erkennen Lehrer und Schüler ihre Mitschüler:innen nicht (»Anonymität in Person«, S. 40), sondern sie verkennen sie auch (als Mann: 104 Nennungen von »der Unbekannte«). Zwar lässt sie das Nichtzueinanderfinden subjektiv unschuldig dastehen, aber objektiv machen sie sich damit schuldig (was Beckie folgendermaßen auf den Punkt bringt: »Ich will euch nicht die Schuld geben. Nicht die ganze. Am Ende habe ich genauso wenig klar gesehen wie ihr«, S. 172). Jedenfalls haben sie die Bewährungsprobe, die dem Kampf mit einem unerkannten Gegner innewohnt, nicht bestanden (Selbstmord, S. 166: Beckie am Anfang nicht erkannt und damit nicht gestoppt oder auch Beckie am Ende erkannt und damit angetrieben; späte Erkenntnis: »›Irgendwie … war sie gar kein Feind‹«, S. 174). Zurück bleibt (zumindest in dieser Hinsicht) das Bild der modernen ›Welt menschlicher Kontaktlosigkeit‹ (Elisabeth Frenzel).

Figuren

Die erste Hauptfigur des Romans, *Mark Winter*, ist vermutlich 17 Jahre alt (S. 35). Er hat braune Haare und eine Narbe über dem linken Auge (S. 14), ein Gesicht voller Furchen (S. 15) und Augenringe (S. 125). Mark trägt einen verwaschenen Pulli (S. 14), darunter ein T-Shirt (S. 161) und verschmutzte Turnschuhe (S. 14). Er ist Oberstufenschüler (S. 94), schlecht in Mathematik (S. 109) und schon einmal sitzengeblieben (S. 83). Er hat seine Schulsachen (Kuli, Bleistift, Zigaretten: S. 92) in einem Rucksack (S. 42) und träumt (situationsbedingt) vom Beruf eines Bademeisters (S. 142). In seiner Freizeit trifft sich Mark unter anderem mit Sylvester und Lasse (Ferienabschlussaktion: S. 48), schaut Horror- (S. 34) und Actionfilme (S. 53), isst Ednussflips (S. 35), trinkt (viel Alkohol, S. 49), raucht (auch Gras, S. 44 f.) und steht auf verbotene Dinge (S. 126). Er hat vier jüngere Geschwister (S. 79), eine schwache Mutter (Dora Winter, S. 41, 147, 175) und einen brutalen Vater (Bauarbeiter, S. 27, 43 f., 62 f., 79). Im Verlauf der Handlung verwandelt sich Mark vom abwartenden zum handelnden Charakter (vom Schutzlosen bei seinem Vater zum Beschützer Neles, S. 42, und Fionas, S. 63). Er hasst Herrn Filler (S. 128), liebt Fiona (S. 135) und verachtet den Amokläufer (S. 159).

Die zweite Hauptfigur des Romans, *Fiona Nikolaus*, schätzt sich zehn Jahre jünger ein als Herr Filler (S. 77). Sie hat kurze gelockte Haare (S. 170), grüne Augen (S. 40), Sommersprossen (S. 33) und ein echtes Lächeln im Gesicht (S. 135). Fiona trägt eine hellgrüne Bluse (S. 69), Jeans (S. 167) und darüber eine Jacke (S. 176). Sie ist ebenfalls Oberstufenschülerin, gut in Mathematik (S. 14), hat ihre Schulsachen (Füller, S. 10) in einer braunen Umhängetasche (S. 176) und schmiedet allerlei Pläne für die Zukunft (S. 39). In ihrer Freizeit trifft sie sich mit Freundin Greta (S. 72 ff.) und geht mit ihrem Hund Safran spazieren (S. 95). Sie hat eine ältere Schwester (Mila, S. 30, 38), einen jüngeren Bruder (Niels, S. 31, 40, 95), eine Mutter (S. 66) und eine besondere Beziehung zu ihrem (inzwischen verstorbenen) Großvater (S. 30) wie auch zu ihrem Patenonkel (S. 66 f.). Im Verlauf der Handlung verwandelt sich Fiona vom ängstlichen zum beherzten Charakter (von der Leisen bei ihrer Schwester zur Tonangebenden bei Mark, S. 33, 156). Sie verachtet (anfangs) Mark (S. 11), schwärmt für Herrn Filler (S. 14) und fürchtet den Amokläufer (S. 38 f.).

Die dritte (stark überzeichnete) Hauptfigur des Romans, *Anton Filler*, ist 32 Jahre alt (S. 37). Er hat blonde Haare und blaue Augen (S. 9), eine spitze Adlernase und einen verkniffenen Mund (S. 25). Herr Filler trägt ein dunkelblaues, maßgeschneidertes (S. 17) Sakko mit Schulterpolstern (S. 23) und Jeans (S. 9). Er ist seit sechs Jahren (S. 76) Lehrer für Mathematik, Sport und Geschichte (S. 21) sowie Beratungslehrer (S. 107), verbeamtet (S. 61) und seit zwei Jahren an der Schule (S. 18), wo er als Raucher (S. 45) öfter in der Raucherecke steht (S. 115). In seiner Freizeit arbeitet Herr Filler an seiner Dissertation »Pythagoras heute – der Einfluss der Antike auf die moderne Mathematik« (seit 17 Monaten, S. 123; für den Ruf und den Job, S. 133). Er hatte einmal eine Semesterarbeit über die Stasi verfasst (S. 55), geht einmal die Woche rudern (S. 37) und hilft im Haushalt (S. 19). Er hat mehrere Brüder, die ihn wohl gemobbt haben (S. 46), und wohnt mit seiner Freundin Valérie zusammen (S. 18). Im Verlauf der Handlung verwandelt sich Herr Filler vom selbstsicheren zum verunsicherten Charakter (vom breitbeinig Stehenden, S. 9, zum verklemmt Sitzenden, S. 55). Er mag Fiona (S. 20), fürchtet den Amokläufer (S. 36) und hasst Mark (S. 68).

Die vierte Hauptfigur des Romans, *Beckie*, ist so alt wie Mark (S. 165). Sie hat braune Haare (S. 165) und dunkle Augen (S. 40). Beckie trägt eine weiße Maske, eine schwarze Kapuze (S. 36), fünf Pullis

»Was wir dachten, was wir taten« im Unterricht © Beltz Verlag · Weinheim

übereinander (S. 54), eine dunkle Hose und ausgelatschte Turnschuhe (S. 40) sowie schwarze Handschuhe (S. 49) und eine Pistole (S. 36). Sie war ebenfalls Oberstufenschülerin und Sitznachbarin von Mark (S. 165), hat die Schule aber vor sechs Monaten verlassen, um Altenpflegerin zu werden (S. 165). Jetzt begreift sie sich als Briefträgerin, da sie einen schwarzen Stoffbeutel mit Briefen, ihren letzten Wünschen (S. 65), bei sich hat (S. 40, 67). In ihrer Freizeit muss Beckie den Umgang mit einer Waffe geübt haben (S. 50), jedenfalls hat sie viel Zeit mit Beobachten verbracht (S. 170). Ein letztes Frühstück nimmt sie vor dem Amoklauf mit Vater und Mutter ein (S. 173). Im Verlauf der Handlung verwandelt sich Beckie vom kontrollierenden (Waffe geplant an fremden Köpfen, S. 34) zum unkontrollierten Charakter (Waffe eher spontan am eigenen Kopf, S. 166).

Erzähltechnik

Der *Schauplatz* von »Was wir dachten, was wir taten« ist ein Klassenzimmer im zweiten Stock einer Schule (S. 25), das durch eine grüne Tür (S. 33) mit Drehzylinder (S. 50) betreten wird. Vor dem Whiteboard (S. 62) befindet sich das Lehrerpult, darunter die Kiste mit den Schülerhandys (S. 19), darüber das unnatürliche Deckenlicht (S. 174), davor die acht Doppeltische (S. 20), daneben in der Ecke das Steinzeitskelett Hugo (S. 149) und auf der Fensterbank der »Verbeamtungs-Kaktus« (S. 61). An den Wänden hängen das Pythagoras-Gemälde (S. 18), die Plakate und das Waschbecken (S. 53). Vor dem Fenster rechts des Pultes liegen der Schulhof (S. 60), der Haupteingang und ein Zebrastreifen (S. 57). Dort warten die Polizisten in voller Montur (S. 64) und die Rettungskräfte auf der anderen Straßenseite (S. 175).

Geschildert wird der *Zeitraum* eines Montagmorgens (S. 35) im November (S. 54), der (im Klassenzimmer) 143 Minuten umfasst (S. 5). Das erzählte Geschehen nimmt insgesamt 130 Kapitel ein, die mit dem Namen des jeweiligen Ich-Erzählers überschrieben sind (45-mal Mark und Fiona, 40-mal Herr Filler) und unterschiedliche Längen aufweisen (je atemloser die Handlung, desto kürzer die Kapitel, und umgekehrt). Hinzu kommen ein Vor- (S. 5) und Nachwort (S. 179) aus der Perspektive aller drei Ich-Erzähler, das Zitat der Durchsage (S. 7) und »Der Brief« aus der Sicht Beckies (S. 170).

Der Roman weist eine *chronologische Struktur* auf (Bericht über die gegenwärtige Gewalttat an der Schule), die hin und wieder von assoziativen Elementen unterbrochen wird (Erinnerung an vergangene Gewalttaten zu Hause: Fiona, S. 30 f.; Herr Filler, S. 46; Mark, S. 49). Der Amoklauf scheint indes schon eine Weile zurückzuliegen (S. 179).

Das Geschehen wird mit Blick auf die *Narratologie* aus der Ich-Perspektive von Mark, Fiona, Herrn Filler und Beckie sowie aus der Wir-Perspektive der ersten drei Protagonisten erzählt (dank personalen Erzählverhaltens mit Innensicht und Nähe). Die Erzähler berichten von den Ereignissen und kommentieren sie im epischen Präteritum; die Personenrede wird direkt in Anführungszeichen (Worte) oder direkt kursiv (Gedanken) wiedergegeben. Auffallend ist die direkte Anrede der Leser:innen (z. B. S. 5, 91, 179).

Insgesamt ließe sich die These vertreten, dass der Roman dem Genre eines (fiktiven) *Augenzeugenberichts* zugeordnet werden kann (»Wir waren dabei«, S. 5). Dazu passen die enge Begrenzung des Ortes und der Zeit, die vier Perspektiven, das Vor-/Nachwort und das Zitat, die Chronologie der Ereignisse und die direkte Anrede. Jedenfalls handelt es sich um ein *Kammerspiel*, ein Drama, das sich auf engstem Raum vollzieht und die Psychologie zwischen den Figuren augenfällig macht.

Sprache

»Was wir dachten, was wir taten« ist eher von *kurzen Sätzen und parataktischem Satzbau* geprägt, passend zu den jugendlichen Protagonisten, auch Herr Filler macht da keine Ausnahme. Stellenweise erscheint die Sprache fast lyrisch, wenn sie bis auf einzelne untereinanderstehende Wörter reduziert wird (z. B. »Immer höflich bleiben. / Die Schüler akzeptieren. / Transparenz«, S. 18, oder noch kürzer: »Meine. / Letzten. / Wünsche«, S. 65).

Auf *Wortebene* stechen die vielen onomatopoetischen Bezüge hervor, die den Roman für Leser:innen sinnlicher machen und dem Vokabular eines Comics entnommen zu sein scheinen. Auf *Textebene* fallen die vielen intertextuellen Bezüge auf, die den Roman für Schüler:innen zugänglicher machen und dem Kanon der Jugend-/Gegenwartskultur entstammen:

Onomatopoesie	Intertextualität
Tadamm! (S. 35)	Harry Potter (S. 42, 47)
Plopp! (S. 41)	Quentin Tarantino (S. 43)
Paff! (S. 50)	Star Wars (S. 43)
Plitsch. (S. 64)	Der Schatz im Silbersee (S. 45)

Onomatopoesie	Intertextualität
Bang! (S. 67)	Hannibal-Lecter-FIlme (S. 47)
Ritsch, Ratsch! (S. 92)	Herr der Ringe (S. 47, 177)
Zack! (S. 93)	Dumbo (S. 101)
Bamm! (S. 96)	Frankenstein (S. 107)
Rumms! (S. 110)	James-Bond-Filme (S. 132)
Bummbummbumm-bummbummbumm. (S. 140)	Die Schöne und das Biest (S. 139)
Zisch! (S. 146)	Einstein/Relativitätstheorie (S. 16)
KRAWUMMS! (S. 157)	Pythagoras/Mathematik (S. 18)
Bong! (S. 160)	Newton/Schwerkraft (S. 25)

Spannungsbögen

Die *Spannung* baut »Was wir dachten, was wir taten« rund um das Hauptereignis des Amoklaufs und in dreifacher Hinsicht auf. Zum einen präsentiert er ein Rätselgeschehen *(mystery)*, das bei Leserinnen und Lesern Ergänzungsfragen aufwirft, etwa, woher der Amokläufer seine Informationen über die Schüler:innen hat, oder auch, warum die Schüler:innen und ihr Lehrer zu Opfern werden.

Zum anderen setzt der Roman auf Spannungssequenzen *(suspense)*, was bei Leserinnen und Lesern Entscheidungsfragen provoziert, beispielsweise, ob die Schüler:innen Fabio, Ida-Sophie und Mark den Täter überwältigen können, oder aber, ob die Schüler:innen und ihr Lehrer mitspielen.

Schließlich sorgt der Roman für Überraschungsmomente *(surprise)*, wenn er Leser:innen urplötzlich mit Fragen konfrontiert, etwa, wer der Täter ist, oder auch, was über die Schüler:innen und deren Lehrer herauskommt.

Der große Spannungsbogen von der Vorwarnung bis zur Entwarnung trägt bis zum Ende des Romans, gestützt von zehn kleineren Spannungsbögen, die die zehn Briefe darstellen. (Wozu dienen diese Briefe? Was steht im nächsten Brief? Woher kommt »Der Brief«? etc.) Mit ihrer Hilfe nimmt der Roman immer wieder Fahrt auf, bis die atemlose Lektüre auch erzähltechnisch in der Gegenwart der Leser:innen angelangt ist: »Tja, und jetzt ist sie auf einmal vorbei, die Geschichte. Was wir dachten, was wir taten ... Was bleibt.« (S. 179)

Stilmittel

Lea-Lina Oppermann arbeitet in »Was wir dachten, was wir taten« mit sprachlichen Bildern und weiteren Stilmitteln, die das Lesevergnügen erhöhen und zusätzliche Bedeutungsschichten erschließen.

Metaphorisch lässt sich das Regnen in Verbindung mit dem Tatort begreifen: zunächst Regentropfen außerhalb des Klassenzimmers (S. 11, 30, 49), Regen dann in Zimmer und Gesicht (S. 59, 61), schließlich Nieselregen außerhalb des Zimmers (S. 176) – als repräsentiere das Regnen die kommende, die einbrechende und die schwindende Gefahr.

Viele *Vergleiche* verdeutlichen die Auswirkungen des Täters und seiner Tat, oft in Verbindung mit dem Wortfeld »Kampf«:

- »Wie ein Filmstar, der einen Soldaten spielen soll.« (S. 9)
- »Zerplatzten an der Scheibe wie winzige Geschosse.« (S. 11)
- »Es ist wie im Krieg: Wenn man gewinnen will, dann reicht es nicht, sich seine eigene Taktik zu überlegen, nein, man muss auch die Aufstellung des Gegners studieren.« (S. 20)
- »Ich beschloss, es ganz wie die Monarchen im 19. Jahrhundert zu machen: die Meute durch kleinere Zugeständnisse ruhigstellen.« (S. 22)
- »Ich rang nach Sauerstoff, schwarze Flecken schoben sich vor mein Sichtfeld wie Aschewolken auf einem Schlachtfeld.« (S. 37)
- »Groß kam er mir vor, der Amokläufer, kaltblütig und unbesiegbar, wie ein Profikiller aus einem dieser Schrottfilme.« (S. 39)
- »Schule, das ist wie beim Militär, wenn sich die zwei Fronten gegenüberstehen.« (S. 76)
- »Fabio brüllte wie ein abgestochener Stier, das Klappmesser klatschte in eine Blutpfütze auf dem Boden.« (S. 97)
- »Ihre sonst so dicke Mauer aus Stolz und Schroffheit brach förmlich in sich zusammen, wie ein Staudamm in einem dieser Weltuntergangs-Blockbuster [...].« (S. 116)
- »Wie ein Soldat verharrte er hinter Herrn Fillers Stuhl.« (S. 122)
- »Meine Wut, meine Angst, meine Unruhe während dem langen Ausharren – das alles platzte aus mir heraus wie Wasser aus einer Wasserbombe.« (S. 150)

»Was wir dachten, was wir taten« im Unterricht © Beltz Verlag · Weinheim

- »Es war wie einer dieser barbarischen Hahnenkämpfe in den USA [...]« (S. 158)
- »Die andern schleppten sich bereits rüber zu den Zelten, wie nach der großen Schlacht um Mittelerde.« (S. 177)

Symbolisch lassen sich das Abjekte und das Amorphe in Verbindung mit den Opfern auffassen: »Scheiße« (S. 8), »Schweiß« (S. 40), »Pisse« (S. 45), »Rotz« (S. 63), »Spucke« (S. 78), »Blut« (S. 98), »Kotze« (S. 122) – als stünde das Eklig-Schmierige für die allmähliche Auflösung allzu sicherer Charaktere und einer allzu gewissen Welt.

DEUTUNGSPERSPEKTIVEN (U.4)

»Was wir dachten, was wir taten« handelt schon dem Titel nach von Worten und Werken bzw. vom *Beobachten und Berichten*. Auf einer ersten Ebene ist es Beckie, die beidem nachkommt: »[B]eobachten. Das kann ich gut. Wenn das hier nicht mein letzter Tag wäre, würde ich bestimmt zum Geheimdienst gehen. Da wär ich ein Ass. Und dabei habe ich gar keine besseren Augen als ihr, bestimmt nicht. Ich schau bloß hin, das ist der Unterschied. Ich sehe, was ich sehe« (S. 170); und: »Da wusste ich, was ich tun musste. Glasklar hab ich es vor mir gesehen, wie ich euch die Augen öffne, einem nach dem anderen. Deshalb bin ich keine Selbstmörderin und auch kein Amokläufer. Eigentlich bin ich bloß ein Briefträger« (S. 172 f.) – auch wenn es bis dahin etwas dauert: »Und das ist mir wieder eingefallen, wie ich da oben auf der Brücke stand und der Abgrund immer tiefer wurde« (S. 172).

Auf einer zweiten Ebene sind es Mark, Fiona und Herr Filler, die das beobachten, was »[a]n diesem Tag. In diesen 143 Minuten« (S. 5) passiert, und die darüber berichten, »was *wirklich* passiert ist« (S. 5) – auch wenn bis dahin (wie bei Beckie) einige Zeit vergeht: »Es hat lange gedauert, bis wir davon erzählen konnten.« (S. 179)

Auf einer dritten Ebene ist es die Autorin Lea-Lina Oppermann, die das Beobachten und Berichten betreibt, als handle es sich beim Roman um ein *wissenschaftliches Experiment* zur Frage nach der Natur des Menschen. Zunächst ist da die Versuchsanordnung: »›Eingesperrt mit einem Amokläufer und 13 Schülern in einem Klassenzimmer im zweiten Stock.‹« (S. 52) Dann sind da die Versuchspersonen: »Ein paar Sekunden lang schien der Unbekannte uns einfach nur zu beobachten, als wären wir Versuchskaninchen in einem besonders spannenden Experiment.« (S. 51) Außerdem ist da der Versuch an sich (Veränderung der Einflussgrößen): »Noch bevor ich überhaupt dazu kam, über den Sinn der Inschrift [meine letzten Wünsche] zu rätseln, knallte der Unbekannte ein prall zusammengeschnürtes Päckchen auf den Tisch. Lauter einzelne Briefumschläge, mindestens zehn Stück. Auf dem obersten prangte eine große, schwarze Eins.« (S. 67) Und schließlich ist da das Versuchsergebnis, die Antwort auf die Frage nach der Natur des Menschen, seiner *wahren Identität* (Titel des Manuskripts war noch »Die Wahrheit und wir«): »Teilweise tat es gut. Teilweise tat es weh. Teile ließen sich kaum in Worte fassen.« (S. 179)

METHODENKISTE (U.5)

Die folgende »Methodenkiste« ist als Pool zur Planung einer Unterrichtseinheit zum Roman »Was wir dachten, was wir taten« gedacht. Sie verbindet anzustrebende Kompetenzen im Deutschunterricht mit möglichen Textumgangsweisen in einem Unterricht zum Roman. Dabei beziehen wir uns auf die von der Kultusministerkonferenz (KMK) verabschiedeten »Bildungsstandards für das Fach Deutsch für den Mittleren Bildungsabschluss«, die die verbindliche Grundlage für alle in den Ländern zu entwickelnden Lehr- und Bildungspläne in der Sekundarstufe I darstellen.

In der rechten Spalte geben wir jeweils mögliche Beispiele für eine konkrete Umsetzung im Unterricht. Hier finden sich auch Verweise zu den Kopiervorlagen und Infoblättern in diesem Heft. Zahlreiche methodische Möglichkeiten sprechen mehrere Bildungsstandards an. Wir haben uns zum Zwecke der Übersichtlichkeit jeweils für einen Bildungsstandard des Bereiches 3.3 (»Lesen – mit Texten und Medien umgehen«) entschieden. Häufig lassen sich auch evidente Bezüge zu den Bildungsstandards der anderen Bereiche herstellen.

Darüber hinaus stehen die vorgeschlagenen Methoden in Verbindung mit einem fächerübergreifenden Ansatz (v. a. mit Religion/Ethik, Bildender Kunst, Musik oder anderen Fächern), den Sie je nach Klassensituation, Vorwissen und Interessen der Schüler:innen modifizieren können.

Bildungsstandards	Methoden	Beispiele
→ Verschiedene Lesetechniken beherrschen		
• Über grundlegende Lesefertigkeiten verfügen: flüssig, sinnbezogen, überfliegend, selektiv, navigierend lesen	• Ein Kapitel bzw. eine besonders wichtige oder spannende Stelle (vor)lesen • Die Auswahl individuell begründen	• S. 5–7 (Prolog), Interview, Umschlagtext → **k.2** • S. 18–24 (Erzähltechnik), S. 20–21 (Sitzplan) → **k.3** • S. 48–49, 30–31, 45–46 (Erinnerungen) → **k.4** • S. 15, 39, 18–19 (Wünsche), S. 75–76 (Beweggründe I) → **k.5** • S. 28–34, 155–156 (Beweggründe II) → **k.6** • Offener Brief → **k.7** • Zeitungsbericht → **k.8** • Interpretation → **k.9**
	• Ein Kapitel oder einen Textausschnitt mit verteilten Rollen oder gestaltend vorlesen und aufnehmen	• Durchsage → **k.2** • Zitate → **k.4** • Denkblasen → **k.7** • Aussage → **k.7** • Aussagen, Interpretation → **k.9**
	• Bestimmte Textinhalte auffinden und ein den Text erschließendes Unterrichtsgespräch anhand von Leitfragen führen	• Hilfsmittel Zeilometer → **k.1** • Textsorte → **k.2** • Bild von Schule → **k.5** • Beweggründe → **k.6** • Vorahnungen, Motive, Schuld → **k.7**
→ Strategien zum Leseverstehen kennen und anwenden		
• Leseerwartungen und -erfahrungen bewusst nutzen	• Cluster oder Mindmap erstellen; damit einhergehend eine Leseerwartung aufbauen, Vorwissen aktivieren; ein Lesemotiv formulieren	• Leseerwartungen → **k.2, k.9** • Wanted-Poster → **k.4** • Charakterisierung von Mark, Fiona • Informationen zu »Amok«
	• Bezüge zur eigenen Lebenswirklichkeit herstellen	• Autorin, Leseerwartungen → **k.2** • Stellungnahme → **k.4** • Eigene Meinung, realer Brief → **k.7** • Einschätzung, realer Amoklauf → **k.8** • Speed-Dating, Leseerwartungen, Fünf-Finger-Evaluation → **k.9** • Gewalt in der Familie • Mobbing in der Schule
• Textschemata erfassen, z. B. Textsorte, Aufbau des Textes	• Die Erzählkonstruktion analysieren	• Schreibanlass/-absicht, Zielgruppe → **k.2** • Erzähltechnik → **k.3** • Spannung(sbögen) → **k.5** • Intertextualität
• Verfahren zur Textstrukturierung kennen und selbstständig anwenden	• Wesentliche Textstellen kennzeichnen	• Charakterisierung Herr Filler → **k.3** • Amokläufer → **k.4, k.6** • Letzte Wünsche → **k.4, k.5** • Lesetabelle, Lesetagebuch • Alle Figuren (lektürebegleitend) • Alle Lautmalereien • Alle Vergleiche

»Was wir dachten, was wir taten« im Unterricht © Beltz Verlag · Weinheim

Bildungsstandards	Methoden	Beispiele
	• Den Text gliedern	• Vorgeschichte, Gewalteinsatz → **k.4** • Letzte Wünsche → **k.5, k.6** • Beziehungskurve → **k.6** • Amoklauf (Comic) → **k.8** • Lesetabelle, Lesetagebuch
	• Kapitelüberschriften formulieren, austauschen und diskutieren	• Romantitel → **k.2** • Überschriften für wichtige Kapitel
	• Fragen aus dem Text ableiten	• Wie realistisch ist der Roman? Wie authentisch sind die Figuren? → **k.8** • Wie gelungen ist der Roman? → **k.9** • Was ist Schuld? • Wie mit Gewalterfahrungen umgehen?
	• Bezüge zwischen Textteilen herstellen	• Prolog und Roman → **k.2**
• Verfahren zur Textaufnahme kennen und nutzen	• Texte und Textabschnitte stichwortartig zusammenfassen	• Schreibanlass, -absicht, Zielgruppe → **k.2** • Steckbrief zu Herrn Filler, Sitzplan → **k.3** • Liste → **k.5** • Beziehungskurve → **k.6** • Tatmotive → **k.7** • Comic → **k.8** • Lesetabelle, Lesetagebuch
	• Eine Inhaltsangabe mithilfe von Satzstreifen oder anderen Hilfsmitteln erstellen	• Lückentext → **k.2** • Sätze → **k.4** • Teilsätze → **k.7** • Lautmalereien → **k.8** • Inhaltsteil in Rezension
	• Eine wichtige Textstelle visualisieren	• Poster → **k.4** • Comic → **k.8** • Rollenspiel (Beckie überreden) • Standbild (Abschlussszene darstellen)
	• Fragen zum Text stellen und beantworten	• Spannungsfragen • Fortgang der Geschichte
	• Einen Lückentext bearbeiten	• Reizwörter, Tabelle → **k.2** • Steckbrief, Sitzplan → **k.3** • Tatmotive → **k.7** • Romaninhalt als Lückentext/Lückentest
	• Aussagen am Text überprüfen	• Zielgruppen → **k.2** • Stellungnahme → **k.4** • Tatmotive → **k.7**
	• Aussagen erklären und konkretisieren	• Beweggründe → **k.5** • Aussage → **k.8** • Aussagen → **k.9**
	• Stichwörter formulieren und damit ein Kapitel nacherzählen	• Liste → **k.5, k.6** • Beziehungskurve → **k.6** • Lesetabelle, Lesetagebuch
→ Literarische Texte verstehen und nutzen		
• Ein Spektrum altersangemessener Werke – auch Jugendliteratur – bedeutender Autorinnen und Autoren kennen	• Leben und Werk der Autorin kennenlernen	• Autorin → **i.1, k.2** • Interview mit der Autorin → **i.3** • Brief an die Autorin (über den Verlag)/Lesung • Internetrecherche
	• Thematisch verwandte Jugendromane kennenlernen	• Vgl. → **i.6** • www.beltz.de/lehrer

Bildungsstandards	Methoden	Beispiele
• Zentrale Inhalte erschließen	• Ein Unterrichtsgespräch zum Text anhand von Leitfragen führen	• Textsorte → **k.2** • Bild von Schule → **k.5** • Beweggründe → **k.6** • Vorahnungen, Motive, Schuld → **k.7**
	• Einsatz anderer Medien/inhaltlich entsprechend orientierter Zusatztexte zur Erarbeitung der Romanthemen	• Autorin → **i.1, i.3** • Sitzplan → **i.4** • Kapitelübersicht → **i.5** • Weiterführende Literatur → **i.6** • Internet → **k.7, k.8** • Rezensionen → **k.9** • Filme, Hörfunkbeiträge, Zeitschriftenartikel und Internetquellen zu Romanthemen
• Wesentliche Elemente eines Textes erfassen, z. B. Figuren, Raum- und Zeitdarstellung, Konfliktverlauf	• Den zeitlichen Verlauf des Romans erarbeiten und darstellen	• Kapitelübersicht zum Roman → **i.5** • Vorgeschichte, Gewalteinsatz → **k.4** • Beziehungskurve → **k.6** • Comic → **k.8** • Lesetabelle, Lesetagebuch • Überblicksplakat zum Roman gestalten
	• Eine Figurenkonstellation/ein Soziogramm erarbeiten	• Sitzplan → **i.4, k.3**
	• Die Beziehung zwischen Figuren herausarbeiten	• Schülergruppen → **k.3** • Gewalterfahrungen → **k.4** • Täter und Herr Filler → **k.5** • Mark und Fiona (und Sylvester) → **k.6** • Täter und Opfer → **k.7** • Vorher-Nachher-Show
	• Figuren charakterisieren; relevante Textstellen auffinden	• Kapitelübersicht → **i.5** • Steckbrief → **k.3** • Poster → **k.4** • Rollenbiografie → **k.7** • Steckbriefe zu Fiona und Mark
	• Handlungsräume analysieren, auch hinsichtlich der Symbolik	• Gewalterfahrungen → **k.4** • Messer → **k.5** • Wetter → **k.8** • Abjektes und Amorphes
	• Ein Thema bzw. Motiv über den ganzen Roman hinweg verfolgen	• Amoklauf insgesamt → **k.8** • Motiv des unerkannten Gegners → **k.8**
	• Den Konfliktverlauf zwischen Figuren grafisch bzw. verbal darstellen	• Beziehungskurve → **k.6**
• Wesentliche Fachbegriffe zur Erschließung von Literatur kennen und anwenden	• Die Erzählperspektive wechseln: eine Textstelle aus anderer Perspektive erzählen	• Messer → **k.5** • Eltern → **k.7** • Journalisten über Amoklauf
	• Äußere und innere Handlung unterscheiden	• Prolog → **k.2** • Beziehungskurve → **k.6** • Kursivdruck thematisieren
	• Leerstellen des Romans füllen	• Identität des Täters (Vorahnungen) → **k.7** • Marks Problem mit Mutter (Gespräch nach Rettung) • Fortgang der Geschichte (Weitererzählung)
	• Den Spannungsverlauf untersuchen/eine Spannungskurve erstellen	• Spannung(sbögen) → **k.5** • Fünf-Finger-Evaluation → **k.9** • Fieberkurve erstellen
	• Einen inneren Monolog einer Figur verfassen	• Messer → **k.5** • Nele während des Amoklaufs • Schulleiter/Eltern bei Rettung

»Was wir dachten, was wir taten« im Unterricht © Beltz Verlag · Weinheim

Bildungsstandards	Methoden	Beispiele
• Sprachliche Gestaltungsmittel in ihren Wirkungszusammenhängen und in ihrer historischen Bedingtheit erkennen, z. B. Wort-, Satz- und Gedankenfiguren, Bildsprache (Metaphern)	• Die Namen von Figuren oder Schauplätzen unter die Lupe nehmen	• Namen der Protagonisten
	• Sprachliche Bilder/Metaphern und mögliche Symbole im Text erkennen, ihre Bedeutung verstehen und über ihre Leistungen diskutieren	• Gewalterfahrungen → **k.4** • Messer → **k.5** • Lautmalereien, Wetter → **k.8** • Vergleiche • Abjektes und Amorphes
	• Redeformen (Figurenrede, Erzählerrede) identifizieren	• Anrede → **k.2** • Erzähltechnik → **k.3**
	• Stilaspekte untersuchen	• Textsorte → **k.2** • Fünf-Finger-Evaluation → **k.9** • Sprache • Intertextualität
• Eigene Deutungen des Textes entwickeln, am Text belegen und sich mit anderen darüber verständigen	• Eine kontroverse Diskussion zu bestimmten Aspekten oder Figuren führen	• Leseerwartungen → **k.2**, **k.9** • Fünf-Finger-Evaluation → **k.9** • Textlupe • Rezension
	• Mittels Alter-Ego-Technik die möglichen Gedanken von Figuren darstellen	• Messer → **k.5** • Nele während des Amoklaufs • Opfer nach Erfüllung der Wünsche • Schulleiter/Eltern bei Rettung
	• Den Spannungs- bzw. Stimmungsbogen des Romans/eines Kapitels grafisch darstellen	• Beziehungskurve → **k.6** • Fieberkurve
	• Eine Rezension zum Roman verfassen	• Vgl. → **k.9** • Videoreview
• Analytische Methoden anwenden	• Den Inhalt eines Textabschnitts rekonstruieren und wiedergeben	• Gewalteinsatz → **k.4** • Lesetabelle, Lesetagebuch
	• Den antizipierten und realen Handlungsverlauf vergleichen	• Thema → **k.2** • Vorahnungen → **k.7**
	• Untersuchen, wie im Text Spannung erzeugt wird	• Letzte Wünsche → **k.5** • Spannungsfragen • Fieberkurve
	• Ein Kapitel mit einem subjektiven »Untertext« versehen	• Bildüberschriften (Comic) → **k.8** • Titel/Untertitel wichtiger Kapitel
	• Handlungsmotive einer Figur herausarbeiten	• Schreibanlass, -absicht → **k.2** • Beweggründe → **k.5**, **k.6** • Tatmotive → **k.7** • Marks Vater • Fionas Schwester • Herrn Fillers Brüder
	• Textstellen interpretieren und mit eigenen Worten erklären	• S. 5–7 (Prolog) → **k.2** • S. 18–24 (Erzähltechnik), S. 20–21 (Sitzplan) → **k.3** • S. 48–49, 30–31, 45–46 (Erinnerungen) → **k.4** • S. 15, 39, 18–19 (Wünsche), 75–76 (Beweggründe I) → **k.5** • S. 28–34, 155–156 (Beweggründe II) → **k.6**
	• Den thematischen Hintergrund des Romans erhellen	• Gewalterfahrungen → **k.4** • Schule → **k.5** • Zuneigung → **k.6** • Amoklauf (Winnenden) → **k.7**, **k.8** • Rezensionen → **k.9** • Beobachten, Berichten, Experiment → **u.3 Deutungsperspektiven**

Bildungsstandards	Methoden	Beispiele
• Analytische Methoden anwenden (Forts.)	• Eine gemeinsame Reflexion der Lektüre durchführen	• Leseerwartungs-TÜV, Fünf-Finger-Evaluation → **k.9** • Bei einem Abschlussgespräch Einschätzungen und Bewertungen austauschen • Anschlussfragen an den Autor stellen
• Produktive Methoden anwenden	• Ein eigenes Lesetagebuch bzw. einen Leseordner zum Roman führen	• Lesetabelle, Lesetagebuch
	• Einen Comic oder eine Fotostory zu einem Kapitel des Romans erstellen	• Comic → **k.8** • Fotostory zur Rettung bzw. zum Fortgang der Geschichte
	• Einen Steckbrief zu einer Figur erstellen	• Herr Filler → **k.3** • Steckbriefe zu Mark und Fiona
	• Ein fiktives Interview mit einer Figur führen	• Interview mit Mark, Fiona, Herrn Filler nach Rettung • Interview mit Nele • Interview mit Schulleiter/Polizei/Rettungskräften
	• Einen fiktiven Dialog zwischen Romanfiguren verfassen	• Chat zwischen Mark und Fiona nach Rettung • Gespräch zwischen Schulleiter und Herrn Filler
	• Gedanken und Gefühle der Figuren imaginieren	• Augenzeugenbericht (Messer) → **k.5** • E-Mail (Mark/Fiona) → **k.6** • Offener Brief (Beckies Eltern) → **k.7**
	• Den Roman weiterdenken und -schreiben	• E-Mail → **k.6** • Fortgang der Geschichte imaginieren
	• Eine Textstelle weiterschreiben	• Kurz nach der Rettung (Begegnung mit Eltern)
	• Eine Textstelle umschreiben	• Beckie überzeugen, aufzugeben
	• Standbilder prägnanter Szenen darstellen und erraten lassen	• Widerstandsmomente
	• Einen Brief einer Figur an eine andere Figur verfassen	• E-Mail → **k.6** • Offener Brief → **k.7** • Bericht (Herr Filler an Behörde)
	• Einen Brief an eine Figur verfassen	• An Beckie nach Schulabgang • An Nele nach Rettung
	• Ein Kapitel in einen Tagebucheintrag umschreiben	• Widerstandsmomente je nach Figur
	• Eine Ich-Erzählung einer Figur verfassen	• Messer → **k.5** • Neles Rückblick
	• Eine Reportage bzw. einen Zeitungsbericht über eine Textstelle verfassen	• Zeitungsbericht über Amoklauf
	• Ein literarisches Rollenspiel z. B. zu einer Szene durchführen	• Beckie überreden
	• Einen Handlungsort oder eine Szene malen, zeichnen oder nachbauen	• Sitzplan → **k.3** • Lesetagebuch
	• Eine thematische Aktion durchführen	• Speed-Dating → **k.9** • Eltern-/Schulleitungsbefragung • Amokläufe im Geschichtsunterricht
	• Ein Rätsel zu einem Kapitel oder zum Roman erstellen bzw. lösen	• Zitate-Puzzle → **k.4, k.7** • Aussagen-Rätsel → **k.8, k.9** • Kreuzwort-, Silbenrätsel
	• Ein alternatives Titelbild erstellen	• Bildmaterial über Bildagenturen • Cover für Lesetabelle, Lesetagebuch
	• Ein Plakat bzw. eine Collage zum Buch erstellen	• Zeichnungen, Materialien, Textzitate etc. einbinden

»Was wir dachten, was wir taten« im Unterricht © Beltz Verlag · Weinheim

Bildungsstandards	Methoden	Beispiele
	• Ein Hörspiel verfassen	• Widerstandsmomente • Beckies letzte Worte • Rettungstumult
	• Ein Gedicht zu einem Kapitel verfassen	• Abschiedsgedicht für Beckie
• Handlungen, Verhaltensweisen und Verhaltensmotive bewerten	• Sympathie/Antipathie zu den Figuren thematisieren	• Herr Filler → k.5 • Täter- und Opferrollen
	• Zu den Romanfiguren Stellung beziehen, ihr Verhalten und Handeln bewerten und kommentieren	• Schuld → k.7 • Handlungsalternativen, Fünf-Finger-Evaluation → k.9 • Lesetabelle, Lesetagebuch
→ Sach- und Gebrauchstexte verstehen und nutzen		
• Hintergrundinformationen suchen, verstehen, auswerten und vergleichen	• Eine Collage erstellen	• Amoklauf (Winnenden) • Schule, Familie etc.
→ Medien verstehen und nutzen		
• Informationsmöglichkeiten nutzen	• Internet- und Buchrecherche zu Themen des Romans	• Weiterführende Literaturhinweise → i.6 • Internetquellen → k.7, k.8 • Rezensionen → k.9
• Medien zur Präsentation und ästhetischen Produktion nutzen	• Powerpoint-Präsentationen bzw. Hypertexte erarbeiten, vorstellen und reflektieren	• Amoklauf (Winnenden) • Figuren • Themen • Motive

VORSCHLAG FÜR EINE UNTERRICHTSEINHEIT IN INKLUSIVEN KLASSEN (u.6)

Jede Unterrichtseinheit zu einem Jugendroman nimmt sinnvollerweise Bezug auf die konkreten Lernvoraussetzungen Ihrer Schüler:innen, aber auch auf Ihre eigenen Erfahrungen und Planungsziele. Wir möchten Ihnen hier ein Grobraster für eine Unterrichtseinheit zu »Was wir dachten, was wir taten« vorstellen, das nach dem Grundsatz »erschließend, nicht erschöpfend« vorgeht. Die Einheit besteht, unterstützt durch die Infoblätter und Kopiervorlagen[1] aus diesem Heft, aus drei Modulen, die sich an der Chronologie des Romans orientieren:

- Modul A: Vor (Originalausgabe: Prolog, S. 8–34, 34–69; Kurzfassung Einfache Sprache: Prolog, S. 7–19, 20–37)
- Modul B: Während (Originalausgabe: S. 69–103, 103–161, 161–173; Kurzfassung Einfache Sprache: S. 37–54, 54–88, 88–101)
- Modul C: Nach (ganzer Roman)

Um den Überblick über den Roman zu behalten, bietet sich der Einsatz einer Lesetabelle an, in der die Schüler:innen während der Lektüre zu Hause abschnittsweise Stichworte zur Handlung und zu den Figuren, aber auch eigene Fragen, Gedanken und Assoziationen notieren. Die Ergebnisse können dann immer wieder (auch im Unterricht) herangezogen werden. Damit ist eine Sicherung der Ergebnisse gewährleistet.

Das abschnittsweise Lesen könnte in folgenden Schritten und mithilfe folgender Arbeitsanweisungen erfolgen (die erste Seitenangabe bezieht sich auf die Ausgabe in Einfacher Sprache, die zweite in Klammern auf die Originalausgabe):

1 Jede Kopiervorlage genügt für eine Doppelstunde, ist nach den Lernzielstufen des Deutschen Bildungsrats mit den entsprechenden Operatoren formuliert und nach einem Stundenverlauf von 1. Einstieg, 2. Erarbeitung (Präsentation nach jeder Nr. 2 möglich), 3. Sicherung, 4. Transfer und (manchmal) 5. Hausaufgabe formatiert. Wechsel der Sozialform (Unterrichtsgespräch, Einzel-, Partner-, Gruppenarbeit) nach eigenem Ermessen.

- Nach **k.2**: Schneide zu Hause das Zeilometer aus (→ **k.1**). Lies den Roman bis Seite 19 (bzw. Seite 34). Markiere dabei alle Informationen zu Herrn Filler.
- Nach **k.3**: Lies den Roman bis Seite 37 (bzw. Seite 69). Markiere dabei alle Informationen zum Amokläufer.
- Nach **k.4**: Lies den Roman bis Seite 54 (bzw. Seite 103). Markiere dabei die letzten Wünsche des Amokläufers.
- Nach **k.5**: Lies den Roman bis Seite 88 (bzw. Seite 161). Markiere dabei die letzten Wünsche des Amokläufers.
- Nach **k.6**: Lies den Roman bis Seite 101 (bzw. S. 173). Markiere dabei alle Informationen zum Amokläufer.
- **k.7** Lies den Roman bis Seite 106 (bzw. Seite 179).

Die Lektüre des gesamten Romans sollte nach Modul B (d.h. nach **k.7**) abgeschlossen sein.

Modul A: Vor
(6 Unterrichtsstunden)

- Lesekompetenz: Buchumschlag, Roman, Infoblatt
- Textanalyse: Zeilometer, Reizwörter, Schreibanlass/-absicht/Zielgruppe, Charakterisierung, Erzähltechnik, Vorgeschichte
- Übertragung auf Lebenswirklichkeit: Autorin, Lese-Erwartungen, Stellungnahme
- Produktion: Lesetabelle, Plakat, Steckbrief, Sitzplan, Poster

→ Bearbeitung mithilfe der Kopiervorlagen **k.1** bis **k.4**
→ Weitere Anregungen aus der »Methodenkiste« in diesem Heft → **u.5**

Modul B: Während
(6 Unterrichtsstunden)

- Lesekompetenz: Roman, Internetquelle
- Textanalyse: Wünsche, Beweggründe, Vorahnungen, Schuld
- Übertragung auf Lebenswirklichkeit: eigene Wünsche, eigene Meinung
- Produktion: Liste, Augenzeugenbericht, Beziehungskurve, E-Mail, Rollenbiografie

→ Bearbeitung mithilfe der Kopiervorlagen **k.4** bis **k.8**
→ Weitere Anregungen aus der »Methodenkiste« in diesem Heft → **u.5**

Modul C: Nach
(4 Unterrichtsstunden)

1. Lesekompetenz: Roman, Internetquelle, Rezensionen
2. Textanalyse: Identitäten, Gegenmaßnahmen
3. Übertragung auf Lebenswirklichkeit: Einschätzung, Speed-Dating, Lese-Erwartungen, Fünf-Finger-Evaluation
4. Produktion: Placemat, Comic, Rezension

→ Bearbeitung mithilfe der Kopiervorlage **k.9**
→ Weitere Anregungen aus der »Methodenkiste« in diesem Heft → **u.5**

Die Kopiervorlagen auf drei Niveaustufen bieten gerade den Lehrerinnen und Lehrern, die in inklusiven bzw. stark heterogenen Klassen unterrichten, die Möglichkeit, alle Schüler:innen individuell zu fördern und ihnen Erfolgserlebnisse im Umgang mit dem Buch zu ermöglichen.

Die Materialien bieten neben niveauunterschiedlichen Lernphasen in Einzel-, Partner- oder Gruppenarbeit immer wieder auch gemeinsame Phasen, in denen sich alle Schüler:innen der Lerngruppe über ihre Leseprozesse miteinander verständigen können. Fragestellungen, die auf allen drei Niveaustufen bearbeitet werden, sind entsprechend gekennzeichnet.

Die Schüler:innen, die auf dem grundlegenden Niveau lernen, arbeiten mit der vereinfachten Textfassung »Was wir dachten, was wir taten«. Einfache Sprache entspricht dem Sprachniveau A2/B1 und richtet sich an Kinder mit LRS oder geringen Deutschkenntnissen.

Die Kopiervorlagen des G-Niveaus (k.1) beziehen sich auf diese Textfassung, die Kopiervorlagen des M-Niveaus (M = mittleres Niveau) (k.1) und des E-Niveaus (E = erweitertes Niveau) (k.1) auf die andere Textfassung.

»Was wir dachten, was wir taten« im Unterricht © Beltz Verlag · Weinheim

(i) Infoblätter

© Sebastian Bahr

DIE AUTORIN LEA-LINA OPPERMANN (i.1)

Lea-Lina Oppermann wurde am 1. April 1998 in Berlin geboren und studierte Sprechkunst sowie Kommunikationspädagogik. Von 2013 bis 2015 spielte sie am Jungen Theater Bonn die Rolle der Susan im Musical »Die Chroniken von Narnia«.

2014 besuchte Oppermann als Schülerstudentin an der Uni Bonn ein Seminar zum kreativen Schreiben und ist seitdem Mitglied in der dortigen Schreibgruppe. Seit Februar 2015 ist sie als Autorin auf der Online-Plattform Oetinger34 unterwegs, wo sie in Zusammenarbeit mit Lektorinnen/Lektoren und Illustratorinnen/Illustratoren mehrere Kinderbücher gestaltet.

Geschichten zu hören, zu lesen und zu erleben hat Oppermann dazu gebracht, selbst mit dem Erzählen anzufangen – in Wort, Ton und Schauspiel. Am liebsten ist ihr aber das Wort. Bislang schrieb sie vor allem Kurzgeschichten wie das preisgekrönte »Remis« und Sprechtexte für ihre zweite große Leidenschaft, den Naturfilm.

»Was wir dachten, was wir taten« ist Oppermanns erster Jugendroman und wurde 2016 mit dem Hans-im-Glück-Preis der Kreisstadt Limburg an der Lahn für Jugendliteratur ausgezeichnet.

Weitere Auszeichnungen für »Was wir dachten, was wir taten«

2016 Empfehlungsliste (Oldenburger Kinder- und Jugendbuchpreis)
2017 Die besten 7 Bücher für junge Leser (Deutschlandfunk)
2017 Empfehlungsliste (Paul-Maar-Preis für junge Talente)
2017 Jugendbuch des Monats November (Deutsche Akademie für Kinder- und Jugendliteratur)
2019 Wi(e)derworte (Buchpreis des Ulla-Hahn-Hauses in Monheim)

Weitere Werke

- Fürchtet uns, wir sind die Zukunft. Weinheim: Beltz & Gelberg, 2021.

PRESSESTIMME ZUM ROMAN (i.2)

»[...] Dass sich Jugendliche reiben, ausgrenzen oder anschwärmen, ist ein Phänomen dieser wichtigen Lebenszeit. Aber dass dabei wirklich tiefe Verletzungen entstehen und eine brisante Situation alle Hemmnisse beseitigt, ist erschreckend. Das menschliche Miteinander ist eben zu jeder Zeit fragil. Dass dieser Roman besonders zugänglich für jugendliche Leser ist, liegt eventuell daran, dass hier jemand seine Altersgruppe kennt, denn Lea-Lina Oppermann ist Jahrgang 1998. Sprachlich und dramaturgisch ist dieses schmale und dennoch wuchtige Buch eine Sensation [...].«

Christine Paxmann, eselsohr, 9/2017

i.3

INTERVIEW MIT LEA-LINA OPPERMANN: »WIR SIND SO VIELEN EINFLÜSSEN AUSGESETZT WIE NOCH KEINE ANDERE GENERATION«

Lea-Lina Oppermann über ihre Idee zum Roman, die Macht der Worte und das Wirrwarr der Gegenwart

Liebe Frau Oppermann, sind Sie gerne in die Schule gegangen?

Ja. Die Theater-AG habe ich geliebt.

Was für eine Schülerin waren Sie denn? Mehr der Fiona- oder doch eher der Ida-Sophie-Typ?

(lacht) Ich war mehr so ne Lea-Lina.

Ihr Roman »Was wir dachten, was wir taten« schildert den Amoklauf an einer Schule. Wie ist die Idee entstanden?

Für mich ist der Roman ein pures Experiment, ein Gedankenspiel. Deshalb hat er für mich auch eher Ähnlichkeiten mit Dürrenmatts »Besuch der alten Dame« (ein tolles Theaterstück übrigens!). Die Idee dafür entstand während eines Fehlamokalarms in der elften Klasse, als wir im Philosophie-Unterricht hockten und auf einmal genau die Durchsage ertönte, mit der das Buch anfängt. Ich fand das sehr faszinierend, wie schnell sich alles verändern kann. Von einem Moment auf den anderen erscheint alles unwichtig – Noten, Unterrichtsinhalte, Beliebtheit in der Stufe ... Auf einmal geht es ums Leben. Eine Stunde lang wussten wir nicht, was los ist, und haben zusammen im verschlossenen Raum ausgeharrt. Als ich später nach Hause gekommen bin, brach ich sofort mein bisheriges Schreibprojekt ab und habe mit dem Roman angefangen. Ein Großteil der Handlung stand mir schon ab diesem Beginn vor Augen.

Haben Sie sich an realen Amokläufen wie dem in Winnenden orientiert?

Nein. Das möchte ich den Journalisten überlassen.

Wie lief das Schreiben dann ab?

Ich schreibe, wann immer ich muss. Nachts, auf dem Hochbett, tagsüber im Zug, im Café in der Hängematte, in der Turmbibliothek der Musikhochschule ..., manchmal sogar am Schreibtisch. Natürlich muss ich dabei viel überarbeiten. Ich schreibe grundsätzlich eher zu knapp, daher muss ich häufig im Nachhinein noch Beschreibungen einfügen. Die erste Fassung von »Was wir dachten, was wir taten« hatte nur 70 Seiten. Es hat über ein Jahr gedauert, aus der flüchtigen Erzählung einen dichten Roman zu machen.

Welchem Genre würden Sie den Roman zuordnen?

Drama. Es ist ein Kammerspiel. Ich bin übrigens kein Freund von Romanen, die in erster Linie »etwas erreichen« wollen. Wenn ich das gewollt hätte, hätte ich stattdessen ein Manifest geschrieben oder eine Inschrift auf eine Mauer gesprüht. Ich wollte eine Geschichte erzählen! Nicht mehr und nicht weniger.

Hatten Sie dafür eine bestimmte Leserschaft vor Augen?

Ja, meinen jüngeren Bruder. Er ist sehr schnell von Büchern gelangweilt. Daher war das eine große Herausforderung dafür zu sorgen, dass er das Buch nicht weglegt.

Aber ist der Roman für jüngere Leser/innen nicht ziemlich blutrünstig geraten?

Nein. Für mich gibt es keine Tabus in der Jugendliteratur. Es kommt bloß darauf an, wie etwas thematisiert wird und welchen Raum es bekommt. Äußerst bedenklich finde ich Gewalt in Jugendmedien dann, wenn sie zur Alltäglichkeit wird – man als Zuschauer abstumpft, sich an das Blutgespritze gewöhnt. Aber in Zeiten, wo man nicht mal »Game of Thrones« gucken muss, um mit schrecklichen Bildern konfrontiert zu werden, sondern es manchmal schon genügt, die Tagesschau einzuschalten, fände ich es falsch und realitätsfern, Geschichten für Jugendliche zu zensieren.

Wo wir gerade beim Thema sind: Warum geben Sie jedem Protagonisten eine gewaltsame Vorgeschichte mit?

Ist das so angekommen? Den Eindruck hatte ich eigentlich nicht. Klar, Mark hat diesen gestörten Vater ... So etwas gibt es eben leider. Aber Fiona kommt aus einer ganz normalen Familie. Zu ihrer Schwester hat sie sogar eine sehr enge Bindung.

Herr Filler wiederum gleicht einer Karikatur ...

Das dachte ich zeitweise ehrlich gesagt auch. Aber dann hat mich mein Mathelehrer bei meiner ersten Lesung gefragt: »Wie hast du es bloß geschafft, dich so in die Lebenswelt eines Mathelehrers einzudenken?« Anscheinend bin ich also doch gar nicht so weit von der Realität entfernt ... Für mich ist Herr Filler vor allem eins: ein Mensch. Mit guten wie schlechten Seiten, kein Monster, aber eben auch kein Held. Das war mir wichtig.

Weniger wichtig scheint Beckies Tod zu sein, die Handlung geht ziemlich schnell darüber hinweg.

Ja, das stimmt. Aber so ist das Sterben nun mal, auch wenn es im Film gern in Zeitlupe gezeigt wird: viel beiläufiger als gedacht. Die Trauer, das Unbegreifen und der Schmerz folgen erst später.

Hätte man den Amoklauf grundsätzlich verhindern können?

Natürlich hätte man ihn verhindern können! Wenn ich daran nicht glauben würde, hätte ich das Buch nicht geschrieben. Ich bin überzeugt davon, dass wir mit unserm Handeln (bzw. Nicht-Handeln) viel mehr bewirken, als wir denken. Wäre ein einziger in der Klasse vorher zu Beckie getreten und hätte gefragt: »Hey, wie geht es dir eigentlich wirklich?« – Wer weiß, wie die Geschichte ausgegangen wäre ... als Buch vermutlich langweiliger. Aber in der Realität sehr wünschenswert! Ich glaube an die Macht der Worte, die Macht des Zuhörens. Deshalb liebe ich das Schreiben so sehr.

Mit Macht kritisieren Sie auch die Schule. Was muss sich dort in Zukunft ändern?

Oh, da gibt es so viel! Vor allem finde ich, sollte es nicht nur darum gehen, Wissen zu vermitteln, sondern um einen geschützten Raum fürs Ausprobieren und Talente-Entdecken. Klar, der Zitronensäurezyklus ist natürlich unheimlich spannend, aber viel wichtiger ist doch: Was kann ich eigentlich? Was liegt mir? Wofür interessiere ich mich? Welche Rolle nehme ich in Gruppen ein? Wie spreche ich zu anderen Menschen? Was ist mir wichtig und wie stehe ich dafür ein? Wie schaffe ich es, zufrieden in meinem Körper zu leben ...? Dann wäre Schule nicht bloß ein Punkt auf dem Lebenslauf, den es abzuhaken gilt, sondern wirklich eine Unterstützung auf dem Weg zum gebildeten und mündigen Menschen. Was es wohl vor allem dafür braucht, das sind gute und gut ausgebildete Lehrer. Vorbilder, die sich gleichermaßen für ihr Fach interessieren wie für ihre Schüler. Und davon bitte viele!

Ist unser Leben insgesamt gefährlicher und einsamer geworden?

Ich glaube nicht, dass die Welt heute gefährlicher und kontaktloser ist als früher. Auf mich wirkt sie vor allem komplizierter als früher, verwirrender. Wir sind so vielen Einflüssen ausgesetzt wie noch keine andere Generation. Ich wünsche mir eine mündige Bevölkerung, die in der Lage ist, sich in dem Wirrwarr der Gegenwart zurechtzufinden, für ihre Werte einsteht und ihren Talenten nachgeht. Und ich wünsche mir ein Schulsystem, das dazu beiträgt, solche Menschen zu schaffen.

Frau Oppermann, vielen Dank für das Gespräch!

Interview: Dr. Peter Schallmayer (August 2017)

i.4 FIGURENKONSTELLATION

Die Figuren sind entsprechend ihrer Ausgangslage im Klassenzimmer angeordnet. Die Schriftgröße drückt ihre jeweilige Bedeutung aus.

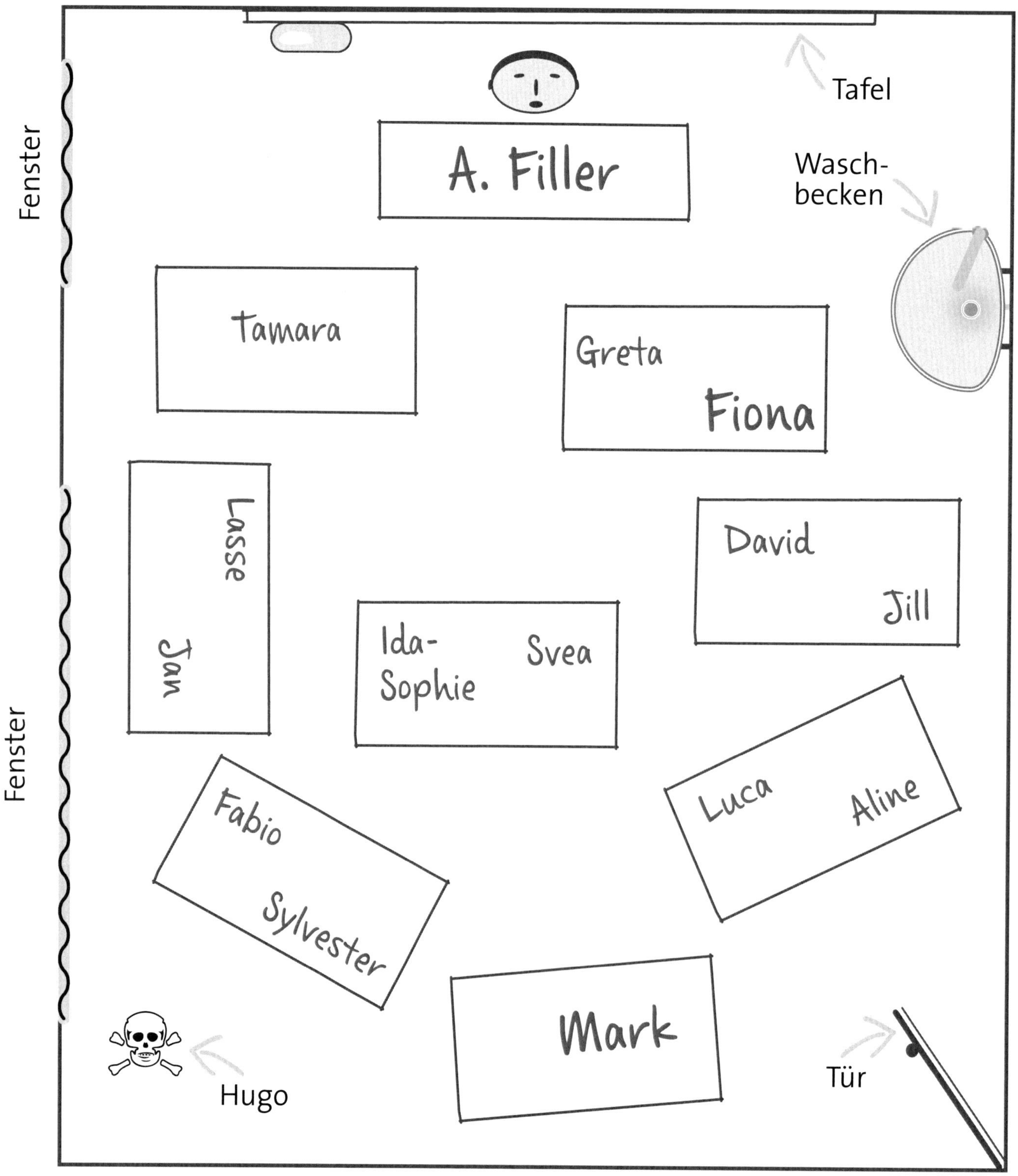

»Was wir dachten, was wir taten« im Unterricht © Beltz Verlag · Weinheim

TABELLARISCHE KAPITELÜBERSICHT

i.5

Phase	Seiten Originalausgabe	Seiten Einfache Ausgabe	Erzähltes Geschehen
Prolog	*5–7*	*5–6*	*Ankündigung des Berichts von einer ›wahren‹ Begebenheit; Wiedergabe der Durchsage beim Amoklauf*
VOR	8–24	7–14	In einem Klassenzimmer im zweiten Stock sitzt Herr Filler mit seinen 13 Oberstufenschülerinnen/-schülern bei einer Mathearbeit, darunter der dösende Einzelgänger Mark und die schüchterne Musterschülerin Fiona, als eine Lautsprecherdurchsage vor einem Amoklauf warnt. Noch während Lehrer und Schüler:innen über die Klausur und die Bedrohung von außen diskutieren, klopft es an der Tür.
	24–34	14–19	Vor der Tür zum Klassenzimmer erklingt das Schluchzen und Betteln eines Mädchens. Es entspinnt sich eine Diskussion unter den Schüler:innen, ob die Tür geöffnet werden sollte, was Mark auf Wunsch Fionas und gegen den Willen Herrn Fillers beherzt tut.
WÄHREND	34–69	20–37	Das Klassenzimmer betritt der Amokläufer mit einer Pistole an der Schläfe des Mädchens. Er zerschießt den Lautsprecher wie auch das Türschloss und zerstört die Handys der Schüler:innen. Als Fiona um Hilfe ruft, zerrt er sie ans Fenster und versetzt ihr einen Schlag. Dann zieht er ein Bündel Briefe hervor und schreibt »Meine letzten Wünsche« an die Tafel.
	69–92	37–48	Kleinlaut am Pult im Klassenzimmer sitzend verliest Herr Filler die ersten Wünsche des Amokläufers. Er soll Greta ins Gesicht spucken, Tamara mit Jan die Kleidung tauschen und Svea Ida-Sophie die Haare vom Kopf schneiden. Alle tun wie geheißen.
	93–103	48–54	Fabio zückt an seinem Tisch im Klassenzimmer ein Klappmesser, weil Sveas Schere versagt. Als der Amokläufer ihn daraufhin entwaffnen will, versetzt er ihm einen Schlag, bekommt aber einen Schuss durch die Hand ab. Ida-Sophie wirft das Messer auf den Amokläufer; Svea rettet sie vor den folgenden Schüssen.
	103–156	54–85	Noch immer ängstlich am Pult im Klassenzimmer sitzend liest Herr Filler weiter. Lasse soll seine Taschen ausleeren, David Jill seinen BigMac zu essen geben, Mark Herrn Fillers Doktorarbeit zerstören, Fiona Sylvester küssen, Luca Alines Hand ins Feuer legen, die Schüler das Steinzeitskelett zerschlagen und dann Sylvester verprügeln. Alle tun wieder wie gefordert. Dabei fragen sich Lehrer und Schüler:innen, woher der Amokläufer sein Wissen haben und wer hinter der Maske stecken könnte.
	157–161	85–88	Bevor die Schüler:innen sich im Klassenzimmer über Sylvester hermachen können, findet Fiona ihre Stimme und spornt Mark an, den Amokläufer mit einem Knochenknüppel zu schlagen. Im anschließenden Gerangel setzt sich dieser jedoch durch.
	161–173	88–101	Als Sylvester den Amokläufer noch im Klassenzimmer demaskiert, erkennen Lehrer und Schüler:innen Beckie, die sich ohne zu zögern erschießt. In einem letzten Brief erfahren Lehrer und Schüler:innen, warum Beckie Amok lief und was die einzelnen Wünsche zu bedeuten hatten: Mit jeder Aktion ließen die Betroffenen die Wahrheit über sich zutage treten, etwa die Geringschätzung der Schüler:innen; nicht so sehr Rache als der Wunsch nach Gerechtigkeit lagen den Aktionen zugrunde.
NACH	174–177	102–105	Die Tür zum Klassenzimmer fliegt auf und die Polizei stürmt den Raum. Lehrer und Schüler:innen begeben sich ins Freie, wo Rettungsdienst, Angehörige und der Schulleiter auf sie warten. Mark und Fiona fällt es schwer, sich voneinander zu trennen und in ihr altes Leben zurückzukehren, während Herr Filler vom Verlust seines Jobs ausgeht.
Epilog	*179*	*106*	*Abschluss des Berichts von der ›wahren‹ Begebenheit*

i.6 WEITERFÜHRENDE LITERATURHINWEISE

Thematisch verwandte Jugendromane

- Corinna Antelmann: **Der Rabe ist Acht.** München: Mixtvision, 2014.
  Die ausgezeichnete Autorin Corinna Antelmann führt den Leser gemeinsam mit Maja und Klebe auf den schmalen Grat zwischen Liebe und Wut, Hoffnung und Enttäuschung. Sehr ernsthaft und auf Augenhöhe mit den Protagonisten widmet sie sich dem Thema Gewalt an Schulen. Aus jeweils wechselnder Perspektive erzählen der Junge Klebe und das Mädchen Maja von der Möglichkeit eines Amoklaufs ...
- Jay Asher: **Tote Mädchen lügen nicht.** Aus dem amerikanischen Englisch von Knut Krüger. München: cbt, 2017.
  Als Clay Jensen aus der Schule nach Hause kommt, findet er ein Päckchen mit Kassetten vor. Er legt die erste in einen alten Kassettenrekorder, drückt auf »Play« – und hört die Stimme von Hannah Baker. Hannah, seine ehemalige Mitschülerin. Hannah, für die er heimlich schwärmte. Hannah, die tot ist. Mit ihrer Stimme im Ohr wandert Clay durch die Nacht, und was er hört, lässt ihm den Atem stocken. Dreizehn Gründe haben zu ihrem Tod geführt, dreizehn Personen hatten ihren Anteil daran. Clay ist einer davon ...
- James Proimos: **12 things to do before you crash and burn.** Weinheim/Basel: Beltz & Gelberg, 2015.
  Nur Hercules traut sich auf der Trauerfeier auszusprechen, was sein Vater wirklich war: ein Arsch. Zur Strafe muss er zu seinem Onkel reisen und erhält eine Liste mit 12 Aufgaben. Aber Hercules hat ganz anderes vor: Er will die »Schöne fremde unerreichbare Frau« aus dem Zug wiederfinden. Während er sie sucht, erledigen sich seine Aufgaben fast wie von selbst ... Ein Buch zum Thema Gewalt in der Familie.
- Christine Nöstlinger: **Stundenplan.** Weinheim/Basel: Beltz & Gelberg, 2001 (11. Auflage).
  Wie überlebt man stinklangweilige Schulstunden, wie wehrt man sich gegen ungerechte Lehrer? Was kann man tun, damit sich die wütende Mutter wieder beruhigt? Leicht hat es Anika jedenfalls nicht, auch nicht in der Clique. Da rücken ihr einige zu dicht auf die Pelle, dafür will Wolfgang partout nichts von ihr wissen. Bis sich dann eines Tages der großmaulige Sternberger als feinfühliger Stefan entpuppt ... Ein Buch zum Thema Schule.

Sachliteratur und Medien für Jugendliche

- Marie Bader et al.: **Die Schüler von Winnenden. Unser Leben nach dem Amoklauf.** In Zusammenarbeit mit Daniel Oliver Bachmann. Würzburg: Arena, 2013.
  Winnenden. Die Stadt nahe Stuttgart wird für immer verbunden sein mit dem 11. März 2009, dem Tag des Amoklaufs. Das, was für immer unfassbar und unbegreiflich bleiben wird, versuchen in diesem Buch sechs Betroffene zu erzählen.
- Mustafa Jannen: **Das Anti-Mobbing-Buch. Gewalt an der Schule – vorbeugen, erkennen, handeln.** Mit Elternheft. Weinheim/Basel: Beltz, 2015.
  Lehrkräfte, Eltern und auch die betroffenen Schüler/innen selbst können wirkungsvoll gegen Mobbing vorgehen. Mustafa Jannan zeigt in seinem praxiserprobten »Anti-Mobbing-Buch« mit Elternheft, wie dies gelingen kann.
- **Tote Mädchen lügen nicht.** USA, 2017.
  Fernsehserie auf Netflix basierend auf dem Roman von Jay Asher.

Pädagogische und didaktische Literatur für Lehrer/innen

- Christine Spies: **Wir können auch anders! Gefährlichen Entwicklungen bei Schülern entgegenwirken.** Weinheim/Basel: Beltz, 2011.
  Dieses Präventionsprogramm befasst sich mit bedrohlichen Entwicklungen wie Mobbing, Sucht, School Shooting, Suizid. Es unterstützt Lehrkräfte, die Entstehung dieser Entwicklungen rechtzeitig zu erkennen, zu bewerten und mit erprobten Strategien gegenzusteuern. Das wird möglich durch den Aufbau eines Netzwerkes, das Lehrer/innen nicht alleine lässt, sondern weitere Experten einbezieht. Mit 150 Kopiervorlagen (und zusätzlichen Downloads). Berücksichtigt erstmals auch die Schwerpunkte »Suizid« und »Amok«.

Internet-Link

- **www.stiftung-gegen-gewalt-an-schulen.de (Stand: April 2021)**
  Website der gleichnamigen Stiftung mit Sitz in Winnenden, die sich der Gewaltprävention verschrieben hat.

»Was wir dachten, was wir taten« im Unterricht © Beltz Verlag · Weinheim

Lesezeichen und Zeilometer

Dieses Lesezeichen hilft dir, einzelne Textstellen zu finden oder dich mit deinen Mitschülerinnen/Mitschülern über bestimmte Textstellen zu unterhalten: Lege dazu einfach das Zeilometer an den oberen Buchrand. Die Zahlen sind dann die jeweiligen Zeilen. Natürlich kannst du dein Zeilometer auch individuell gestalten.

»Was wir dachten, was wir taten« im Unterricht © Beltz Verlag · Weinheim

k.1

Lesezeichen und Zeilometer

Dieses Lesezeiche hilft dir, einzelne Textstellen zu finden oder dich mit deinen Mitschülerinnen/Mitschülern über bestimmte Textstellen zu unterhalten: Lege dazu einfach das Zeilometer an den oberen Buchrand. Die Zahlen sind dann die jeweiligen Zeilen. Natürlich kannst du dein Zeilomete auch individuell gestalten.

»Was wir dachten, was wir taten« im Unterricht © Beltz Verlag · Weinheim

Was wirklich passiert ist

Amokalarm!

1. Ergänze den folgenden Text. Die ersten Buchstaben sind schon da. Im Kasten findest du die Silben der fehlenden Wörter.

Es gibt ein S ______________________.

Bitte bleiben Sie r ______________.

Gehen Sie sofort in einen Raum und s ______________

Sie die Tür ab. Warten Sie auf weitere A ______________.

hig – ru	An – gen – sun – wei	ßen – schlie	cher – heits – lem – prob – Si

2. Lies die Seite 5. Stelle in der folgenden Tabelle dar: Wer schreibt hier für wen?

	Wer?	Für wen?
Seite 5		

3. Lies den folgenden Ausschnitt aus einem Interview mit der Autorin Lea-Lina Oppermann. Für wen hat sie den Roman geschrieben?

> Interviewer: Hatten Sie beim Schreiben bestimmte Leser:innen vor Augen?
>
> Lea-Lina Oppermann: Ja, meinen jüngeren Bruder. Er ist sehr schnell von Büchern gelangweilt. Daher war das eine große Herausforderung, dafür zu sorgen, dass er das Buch nicht weglegt.

	Wer?	Für wen?
Interview		

4. Betrachtet das Buchcover und lest den Umschlagtext. Gestaltet dann ein Plakat mit euren Leseerwartungen.

Methode

Schreibt auf ein Poster die Überschrift »Unsere Erwartungen an die …«. Schreibt dann in die Mitte des Posters in Großbuchstaben »… Klassenlektüre«. Diskutiert und ergänzt eure Erwartungen (Wörter, Halbsätze) an den Roman nun so, dass jeder Beitrag wie bei Scrabble mit einem Buchstaben des Wortes »Klassenlektüre« beginnt, endet oder ihn enthält.

»Was wir dachten, was wir taten« im Unterricht © Beltz Verlag · Weinheim

Was wirklich passiert ist

Amokalarm!

1. Ergänze den folgenden Text. Im Kasten findest du die Silben der fehlenden Wörter.

Es ist ein schwerwiegendes ______________________ aufgetreten.

Bitte bewahren Sie ____________.

Begeben Sie sich sofort in einen ____________________ Fachraum

und warten Sie auf weitere ____________________.

An – cher – ge – gen – he – heits – lem – nen – prob – Ru – schlos – se – Si – sun – wei

2. Lies den Prolog auf Seite 5. Stelle in der folgende Tabellen dar, wer hier für wen mit welcher Absicht schreibt.

	Wer?	Für wen?	Absicht?
S. 5			

3. Lies das Interview mit der Autorin Lea-Lina Oppermann (→ **i.3**) und stelle in der folgenden Tabelle fest, für wen und warum sie den Roman geschrieben hat.

	Wer?	Für wen?	Warum?
i.3			

4. Betrachtet den Buchtitel, lest den Umschlagtext und gestaltet dann ein Plakat mit euren Leseerwartungen.

Methode

Schreibt auf ein Poster die Überschrift »Unsere Erwartungen an die …« und in Großbuchstaben darunter »… Klassenlektüre«. Diskutiert und ergänzt eure Erwartungen (Wörter, Halbsätze) an den Roman und/oder den Unterricht nun so, dass jeder Beitrag wie bei Scrabble mit einem Buchstaben des Wortes »Klassenlektüre« beginnt, endet oder ihn enthält.

»Was wir dachten, was wir taten« im Unterricht © Beltz Verlag · Weinheim

Was wirklich passiert ist

Amokalarm!

1. Ergänze den folgenden Text mit passenden Wörtern. Um welche Textsorte handelt es sich?

Es ist ein schwerwiegendes ______________________ aufgetreten.

Bitte bewahren Sie ______________.

Begeben Sie sich sofort in einen ______________________ Fachraum

und warten Sie auf weitere ______________________.

Textsorte: ______________________________

2. Lies den Prolog auf Seite 5. Stelle in einer Tabelle dar, welchen Schreibanlass, welche Schreibabsicht und welche Zielgruppe die Protagonisten haben. Welche Textsorte liegt jetzt hier vor?

	Autoren	Schreibanlass	Schreibabsicht	Zielgruppe	Textsorte
S. 5	Mark Winter Fiona Nikolaus Anton Filler				

Info

Wer einen Text verfasst, verfolgt damit eine Absicht. Diese geht häufig auf eine Vorgeschichte zurück, die den Anlass für das Verfassen des Textes bot. Wichtig für die Wirkung ist dabei, die Zielgruppe im Auge zu behalten und den Text sprachlich entsprechend anzupassen.

für Profis

Prüfe, wie Seite 5 und Seite 7 zusammenhängen. Wozu fügen die Protagonisten das Zitat bei?

3. Stelle anhand des Interviews mit der Autorin (→ **i.3**) fest, welche Motivation, welche Intention und welches Publikum sie selbst vor Augen hatte. Vervollständige die folgende Tabelle in deinem Heft. Welcher Textsorte rechnet sie ihren Roman selbst zu?

	Autoren	Schreibanlass	Schreibabsicht	Zielgruppe	Textsorte
i.3	Lea-Lina Oppermann				

4. Gestaltet ausgehend von Buchtitel und Umschlagtext ein Plakat mit euren Leseerwartungen.

Methode

Die **Erwartungsabfrage** dient dazu, Leser:innen auf die Lektüre eines Romans einzustimmen. Schreibt auf ein Poster die Überschrift »Unsere Erwartungen an die …« und in Großbuchstaben darunter »… Klassenlektüre«. Diskutiert und ergänzt eure Erwartungen (Wörter, Halbsätze) an den Roman und/oder den Unterricht nun so, dass jeder Beitrag wie bei Scrabble mit einem Buchstaben des Wortes »Klassenlektüre« beginnt, endet oder ihn enthält.

»Was wir dachten, was wir taten« im Unterricht © Beltz Verlag · Weinheim

Im Klassenzimmer (1)

Die Tür zum Klassenzimmer öffnen oder besser nicht?

1. Kreuze an: Sind die folgenden Aussagen über Herrn Filler richtig oder falsch? In Klammern findest du die Seitenzahlen zum Nachlesen.

Aussage	richtig	falsch
Herr Filler hat blonde Haare. (S. 8)		
Herr Filler hat braune Augen. (S. 8)		
Herr Filler ist seit vier Jahren an der Schule. (S. 11)		
Herr Filler hat 13 Schülerinnen und Schüler in der Klasse. (S. 12)		
Herr Filler fängt nicht an zu schwitzen. (S. 13)		

2. Lies den folgenden Ausschnitt aus dem Roman. Beantworte dann die Fragen.

> Nein, **ich** hatte keine Infos bekommen. Feueralarm ja, Amokalarm nein. Ich war erst seit knapp zwei Jahren an der Schule. Ich versuchte, ruhig zu bleiben. »**Ich bin sicher, es kommt bald noch eine Durchsage. Wir bleiben so lange bitte ruhig …**« Schüler können natürlich nicht warten. Schon gar nicht auf weitere Anweisungen. (Seite 11 und 12)

Frage 1: Wer erzählt hier in der Ich-Form? ______________________

Frage 2: Was sagt er in direkter Rede? ______________________

____

Frage 3: Welche Erzählzeit verwendet er? ______________________

3. Schreibe die Namen von Herrn Fillers Schülerinnen und Schülern auf die folgenden Kärtchen.

Schneide die Kärtchen dann entlang der gestrichelten Linien aus.

Name	Name	Name	Name	Name	Name	Name	Name
Name	Name	Name	Name	Name	Name	Name	Name

»Was wir dachten, was wir taten« im Unterricht © Beltz Verlag · Weinheim

Im Klassenzimmer (1)

Die Tür zum Klassenzimmer öffnen oder besser nicht?

1. Verbinde die folgenden Satzhälften über Herrn Filler und ergänze die Lücken. In Klammern findest du die Seitenzahlen zum Nachlesen.

Herr Filler hat	________ Haare. (S. 9)
Herr Filler ist seit	________ Jahren an der Schule. (S. 18)
Herr Filler hat eine Freundin	ein ________. (S. 23)
Herr Filler mag	für ________, ________ und ________. (S. 21)
Herr Filler hat eine Allergie	gefüllte ________. (S. 19)
Herr Filler ist Lehrer	gegen ________. (S. 19)
Herr Filler trägt	gern rudern. (S. 37)
Herr Filler geht in seiner Freizeit	namens ________. (S. 18)

2. Lies die Seite 18 und kreuze in der folgenden Tabelle an, wie Herr Filler seine Geschichte erzählt.

Erzählform	*Ich-Form*	Erzähler berichtet in der 1. Person.	○
	Er-/Sie-Form	Erzähler berichtet in der 3. Person.	○
Verhalten	*auktorial*	Erzähler tritt deutlich hervor (z. B. durch Kommentare).	○
	personal	Erzähler beschränkt sich auf die Sicht einer Figur.	○
	neutral	Erzähler beobachtet das Geschehen nur (nicht als Figur sichtbar).	○
Erzählzeit	*Präteritum*	Erzähler verwendet die Vergangenheitsform.	○
	Präsens	Erzähler verwendet die Gegenwartsform.	○
Rede	*indirekte Rede*	Indirekte Wiedergabe der Rede (z. B. »Er fragte, ob er gehen müsse«).	○
	direkte Rede	direkte Wiedergabe der Rede (z. B. »Er fragte: ›Muss ich gehen?‹«).	○

3. Schreibe die Namen von Herrn Fillers Schülerinnen und Schülern auf die folgenden Kärtchen und schneide sie dann aus.

Name	Name	Name	Name	Name	Name	Name	Name
Name	Name	Name	Name	Name	Name	Name	Name

»Was wir dachten, was wir taten« im Unterricht © Beltz Verlag · Weinheim

Im Klassenzimmer (1)

Die Tür zum Klassenzimmer öffnen oder besser nicht?

1. Lies den Roman bis S. 34. Unterstreiche alle Informationen zu Herrn Filler. Übertrage den Steckbrief in dein Heft und ergänze ihn mithilfe deiner Anstreichungen.

Steckbrief von: ...		
Aussehen: ...	Kleidung: ...	Beruf: ...
Fächer: ...	Zusatzaufgabe: ...	An der Schule seit: ...
Nebenjob: ... Doktorarbeit	Freundin: ...	Vorbild: ...
Lieblingsessen: ...	Allergie: ...	Hobby: ... Rudern

2. Kreuze in der folgenden Tabelle an, welche Erzählmittel Herr Filler verwendet.

Tipp: Ziehe dazu die Seiten 18 bis 24 heran.

Erzählform	Ich-Form	Erzähler berichtet in der 1. Person.	○
	Er-/Sie-Form	Erzähler berichtet in der 3. Person.	○
Erzählperspektive	Außensicht	Erzähler betrachtet das Geschehen von außen.	○
	Innensicht	Erzähler sieht Gedanken und Gefühle der Figuren.	○
Erzählerstandort	Distanz	Erzähler weiß alles.	○
	Nähe	Erzähler weiß nicht mehr als eine Figur.	○
Erzählverhalten	auktorial	Erzähler tritt deutlich hervor (z. B. durch Kommentare).	○
	personal	Erzähler beschränkt sich auf die Sicht einer Figur.	○
	neutral	Erzähler beobachtet das Geschehen nur (nicht als Figur sichtbar).	○
Erzählhaltung	berichtend	Erzähler berichtet sachlich von einem Geschehen.	○
	kommentierend	Erzähler kommentiert ein Geschehen auch mit Gefühlen.	○
Erzählzeit	Präteritum	Erzähler verwendet die Vergangenheitsform.	○
	Präsens	Erzähler verwendet die Gegenwartsform.	○
Personenrede	Bewusstseinsbericht	Gedanken in der 3. Person (z. B. »Er fragte sich, ob er gehen musste«).	○
	indirekte Rede	indirekte Wiedergabe der Rede (z. B. »Er fragte, ob er gehen müsse«).	○
	direkte Rede	direkte Wiedergabe der Rede (z. B. »Er fragte: ›Muss ich gehen?‹«).	○
	Bewusstseinsstrom	Wiedergabe ohne Punkt und Komma (z. B. »Mist muss ich äh gehn«).	○

3. Übertrage die Namen von Herrn Fillers Schülerinnen und Schülern auf Kärtchen passend zu der Größe des Sitzplans und schneide sie aus.

»Was wir dachten, was wir taten« im Unterricht © Beltz Verlag · Weinheim

Im Klassenzimmer (2)

4. Gestalte mithilfe der Kärtchen mit den Namen der Schülerinnen und Schüler einen Sitzplan der Klasse. Entscheide, wer im Klassenzimmer wo sitzt. Lege dann die Namenskärtchen auf die entsprechenden Felder im Sitzplan. Klebe sie auf.

Tipp **Zur Kurzfassung des Romans:** Ziehe dazu die Seiten 12 und 13 heran.

für Profis Grenze die unterschiedlichen Grüppchen in der Klasse voneinander ab. Schätze ein, warum sie gerade dort sitzen, wo sie eben sitzen.

Tipp **Zur Originalausgabe:** Ziehe dazu noch einmal die Seiten 20 und 21 heran.

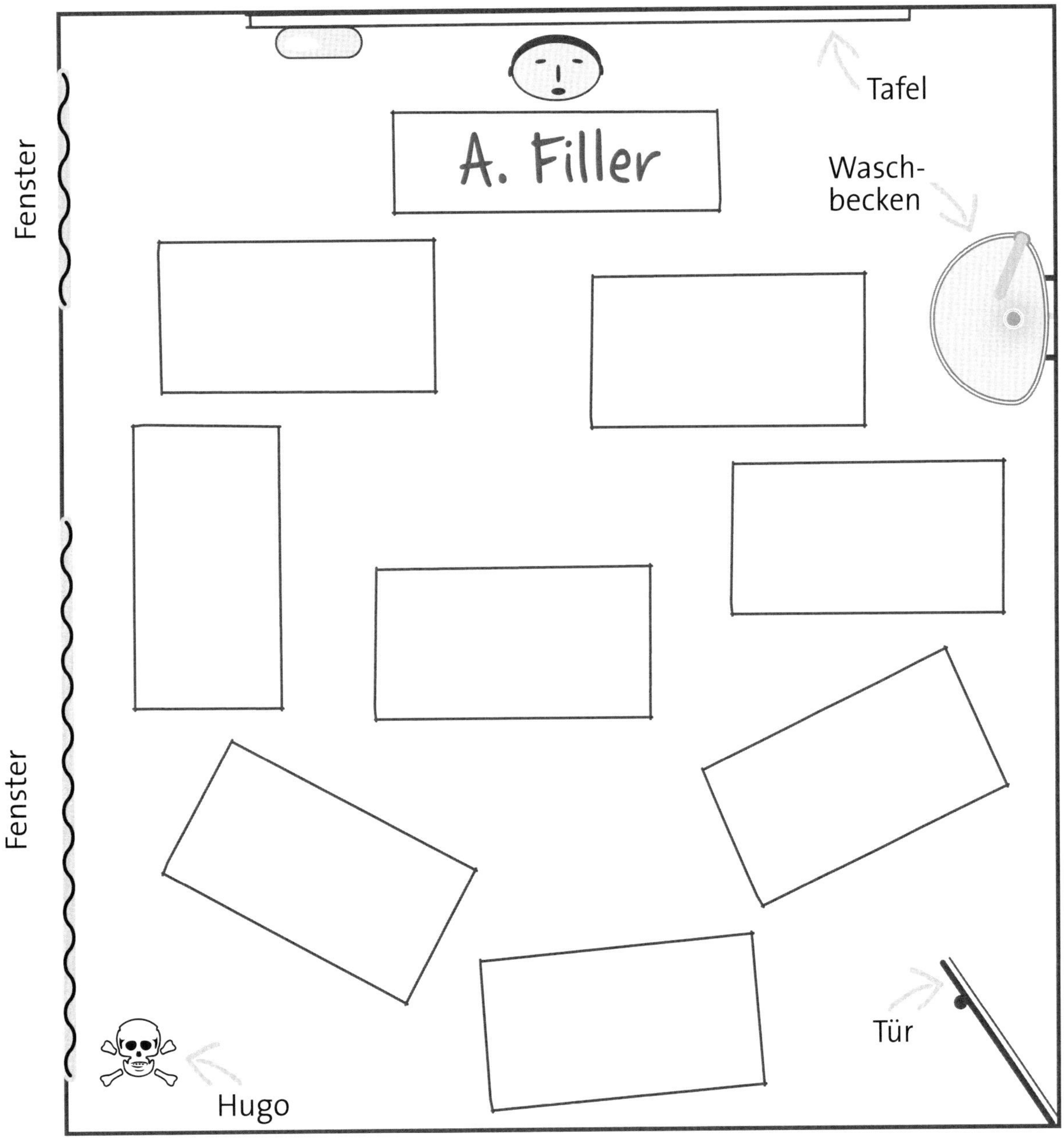

»Was wir dachten, was wir taten« im Unterricht © Beltz Verlag · Weinheim

k.4

Eingesperrt mit einem Amokläufer

Um Hilfe rufen oder besser nicht?

1. Nummeriere die folgenden Zitate von Seite 17 und 18 in der richtigen Reihenfolge. Die Buchstaben ergeben ein Lösungswort.

Nummer	Zitat	Buchstabe
	»Aufschließen.« (Fiona)	L
	»Genau, Mann.« (Fabio)	E
	»Lass es.« (Lasse)	S
1	»Soll ich aufschließen?« (Mark)	G
	»Vielleicht ist das ein Trick.« (Sylvester)	E
	»Wir müssen helfen.« (Greta)	I

Lösungswort: G ☐ ☐ ☐ ☐ ☐

2. Unterstreiche auf den Seiten 21, 23 und 30, wie der Amokläufer aussieht. Zeichne dann ein möglichst genaues Bild von ihm in dein Heft oder auf ein DIN-A4-Blatt. Nutze den Gestaltungsvorschlag rechts.

WANTED

3. Trage auf dem folgenden Zeitstrahl ein:

In welcher Reihenfolge zerstört der Amokläufer den Lautsprecher – die Schülerhandys – das Türschloss?

Tipp: Ziehe dazu die Seiten 24, 27 und 33 heran.

1. ____________ 2. ____________ 3. ____________

4. Lies die Seiten 26 und 27. Erkläre in deinem Heft, woran sich Mark durch die Gewalt des Amokläufers erinnert.

»Was wir dachten, was wir taten« im Unterricht © Beltz Verlag · Weinheim

Eingesperrt mit einem Amokläufer

Um Hilfe rufen oder besser nicht?

1. Stelle die richtige Reihenfolge der folgenden Zitate fest.

Nummer	Zitat
	»Aufschließen.« (Fiona)
	»Der [Amokläufer] würde doch nicht klopfen, ne?« (Lasse)
	»Gebt die Blätter ab, ich werte das Ganze als Test.« (Herr Filler)
	»Meint ihr, da ist wirklich jemand ... unterwegs?« (Tamara)
1	»Schließt du bitte mal die Tür ab?« (Herr Filler)
	»Soll ich aufschließen?« (Mark)
	»Und was, wenn das ein Schüler ist?« (Greta)
	»Was machen wir eigentlich, wenn wir Schüsse auf dem Flur hören?« (Fiona)
	»Wir machen nicht auf, Herr Filler, ja?« (Ida-Sophie)

2. Lies die Seiten 36, 40, 49 und 54 und sammle die Beschreibungen des Amokläufers in einer Wortwolke.

Amokläufer

schwarze Handschuhe

3. Übertrage auf einen Zeitstrahl, wie der Amokläufer Schritt für Schritt den Kontakt zur Außenwelt abschneidet.

Tipp: Ziehe dazu die Seiten 41, 50 und 59 heran.

1. ______________ 2. ______________ 3. ______________

4. Lies die Seiten 45 f. und 48 f. Schreibe in dein Heft, woran sich Mark und Herr Filler durch die Gewalt des Amokläufers erinnern.

»Was wir dachten, was wir taten« im Unterricht © Beltz Verlag · Weinheim

Um Hilfe rufen oder besser nicht?

Eingesperrt mit einem Amokläufer

1. Wiederhole mithilfe der folgenden Zitate, was vor dem Türöffnen geschehen ist.

Tipp Stelle erst die richtige Reihenfolge fest, bevor du Geschehen und Gespräch zusammenfasst.

☐ »Aufschließen.« (Fiona) – ☐ »Der [Amokläufer] würde doch nicht Klopfen, ne?« (Lasse) – ☐ »Gebt die Blätter ab, ich werte das Ganze als Test.« (Herr Filler) – ☐ »Meint ihr, da ist wirklich jemand ... unterwegs?« (Tamara) – [1] »Schließt du bitte mal die Tür ab?« (Herr Filler) – ☐ »Soll ich aufschließen?« (Mark) – ☐ »Und was, wenn das ein Schüler ist?« (Greta) – ☐ »Was machen wir eigentlich, wenn wir Schüsse auf dem Flur hören?« (Fiona) – ☐ »Wer bist du und was willst du?« (Mark) – ☐ »Wir machen nicht auf, Herr Filler, ja?« (Ida-Sophie)

2. Gehe die Seiten noch einmal durch und unterstreiche Aussagen zum Aussehen des Amokläufers. Fasse sie dann in einer Personenbeschreibung (von oben nach unten) zusammen. Auf welche Charaktereigenschaften lässt das äußere Erscheinungsbild schließen?

Amokläufer gesucht!

Der Amokläufer ...

3. Rekonstruiere auf einem Zeitstrahl, wie der Amokläufer mit Gewalt den Kontakt zur Außenwelt abschneidet.

1. ______________ 2. ______________ 3. ______________

Tipp Prüfe hierzu noch einmal, was der Amokläufer bis jetzt alles zerstört hat.

für Profis Erkläre, warum und wozu der Amokläufer Fiona ans Fenster zerrt.

4. Nimm Stellung, inwiefern der Gewalteinsatz des Amokläufers Erinnerungen an Gewalterfahrungen bei Mark, Herrn Filler und Fiona weckt.

Tipp Ziehe dazu die Seiten 30 f., 45 f. und 48 f. heran.

»Was wir dachten, was wir taten« im Unterricht © Beltz Verlag · Weinheim

Meine letzten Wünsche

Die Wünsche des Amokläufers erfüllen oder besser nicht?

1. Verbinde die folgenden Satzhälften. Was sind die letzten Wünsche von Mark, Fiona und Herrn Filler?

erste Satzhälfte	zweite Satzhälfte		Wunsch von
Ich will doch noch so viel machen; mit Greta mein	ich die letzten Minuten in meinem Leben nicht mit Mathe verbringen.« (Seite 9)	→	
Ich wusste nicht, was man bei einem Amoklauf machte. Ich	überlegte mir, ob mir irgendwelche Regeln einfielen. Ruhig bleiben. Ablenken. (Seite 13)	→	
»Vielleicht läuft hier wirklich einer mit einer Waffe rum. Dann will	Zimmer bemalen, einen Cocktail trinken, den Regenwald retten, Sylvester küssen … (Seite 23)	→	

2. Beschreibe in einem kurzen Text: Was wären deine letzten Wünsche? Du kannst auch in dein Heft schreiben.

In einer solchen Situation ______________________________

____

3. Überfliege die Seiten 37 bis 46. Finde mit dem Zeilometer die richtigen Seitenzahlen und Zeilenzahlen für die folgenden Zitate. Ergänze die folgende Tabelle.

Zitat	Seite	Zeile	Wünsche von
»Erster Wunsch. Herr Filler, spucken Sie Greta ins Gesicht.«			
»Zweiter Wunsch. Tamara, tausch mit Jan die Klamotten.«			______
»Dritter Wunsch. Svea, schneide Ida-Sophie alle Haare vom Kopf ab.«			

4. Schreibe den folgenden Lückentext in dein Heft. Vervollständige die Lücken mit den fehlenden Namen. Du erhältst eine Inhaltsangabe zu den Seiten 48 bis 54.

Die Nagelschere von ____ ist kaputt. Deswegen lässt ____ ein Klappmesser aufschnappen. Der ____ will das Messer haben. Doch ____ schlägt ihm in den Bauch und bekommt einen Schuss ab. ____ schleudert das Messer auf den ____. Da rettet ____ sie vor den Schüssen.

»Was wir dachten, was wir taten« im Unterricht © Beltz Verlag · Weinheim

Meine letzten Wünsche

Die Wünsche des Amokläufers erfüllen oder besser nicht?

1. Wiederhole die letzten Wünsche von Mark, Fiona und Herrn Filler und gib auch deinen letzten Wunsch in solch einer Situation an.

Mark (S. 15): ______________________________

Fiona (S. 39): ______________________________

Herr Filler (S. 18 f.): ______________________________

Mein letzter Wunsch: ______________________________

2. Lies die Seiten 71, 81 und 87 und zähle die ersten drei der zehn letzten Wünsche des Amokläufers in der folgenden Liste auf.

Letzte Wünsche (Amokläufer)

1. ______________________________
2. ______________________________
3. ______________________________
4. ______________________________
5. ______________________________
6. ______________________________
7. ______________________________
8. ______________________________
9. ______________________________
10. ______________________________

3. Begründe in deinem Heft, weswegen Herr Filler den ersten Wunsch tatsächlich erfüllt.

4. Fasse die Seiten 93 bis 103 in einer Inhaltsangabe mit der Überschrift »Fabios und Ida-Sophies Widerstand« in deinem Heft zusammen.

Tipp: Ziehe dazu die Seiten 75 f. heran.

»Was wir dachten, was wir taten« im Unterricht © Beltz Verlag · Weinheim

Meine letzten Wünsche

Die Wünsche des Amokläufers erfüllen oder besser nicht?

1. Wiederhole die letzten Wünsche von Mark, Fiona und Herrn Filler. Was wären deine letzten Wünsche in einer solchen Situation?

Tipp: Ziehe dazu die Seiten 15, 39 und 18 f. heran.

2. Auf den Seiten 69 bis 103 ist die Rede von den drei letzten Wünschen des Amokläufers.

a) Unterstreiche die letzten drei Wünsche.

b) Zähle mithilfe deiner Anstreichungen in einer Liste die ersten drei der zehn letzten Wünsche des Amokläufers auf und ordne ihnen die betroffenen Figuren zu.

»Betroffene«

»Meine letzten Wünsche«

- ...
- ...
- ...
- ...
- ...
- ...
- ...
- ...
- ...
- ...

»Gründe«

für Profis: Erkläre, wie der Roman Spannung aufbaut. Inwiefern gehören auch die letzten Wünsche dazu?

3. Erläutere die Gründe, weswegen Herr Filler dem ersten Wunsch nachkommt. Welches Bild von Schule sowie Schülerinnen und Schülern zeichnet er?

Tipp: Ziehe dazu die Seiten 75 f. heran und unterscheide äußere und innere Gründe. Erscheint Herr Filler eher sympathisch oder unsympathisch?

4. Entwirf einen (surrealen) Augenzeugenbericht über Fabios und Ida-Sophies Widerstand, indem du dich in die Rolle des Messers hineinversetzt.

Methode: Der **Augenzeugenbericht** informiert aus erster Hand über ein vergangenes Ereignis. Schildere das Geschehen in chronologischer Reihenfolge und in sachlicher Sprache. Beantworte die W-Fragen und gib das Gesagte in indirekter Rede wieder. Konzentriere dich vor allem auf Fabio und Ida-Sophie.

»Was wir dachten, was wir taten« im Unterricht © Beltz Verlag · Weinheim

Um uns herum die Hölle

Widerstand leisten oder besser nicht?

1. Lies den Roman bis Seite 88. Schreibe die letzten sieben Wünsche des Amokläufers in dein Heft.

(4) Seite 55, Zeile 6 bis 7: Vierter Wunsch. Lasse, leer deine taschen aus.

(5) Seite 58, Zeile 21 bis 22: ____

(6) Seite 64, Zeile 3 bis 4: ______

(7) Seite 70, Zeile 1 bis 2: ______

(8) Seite 72, Zeile 7 bis 8: ______

(9) Seite 78, Zeile 16: _________

(10) Seite 82, Zeile 4 bis 5: ______

2. Lies die folgenden beiden Ausschnitte aus dem Roman. Markiere, wer oder was Mark mutig werden lässt.

1

Fiona

Mark grinste nicht. Er streckte langsam die Hand zur Türklinke. Er dachte nach. *Soll ich?* Ich merkte, dass Mark mir vertraute. Das machte mir Mut. Ich nickte. […] Die Tür zu öffnen war richtig. Mark schloss die Tür auf. Die Tür öffnete sich. (Seite 19)

2

Mark

Ich drehte mich um – und starrte genau in Fionas Gesicht. Sie stand am Waschbecken. Sie bewegte die Lippen, als wollte sie etwas sagen. Ich verstand sie nicht, es war viel zu laut um mich herum. Aber ich sah in ihre Augen, die mich anschrien. Auf einmal wusste ich, was zu tun war. (Seite 85)

3. Schreibe die Gefühle von Mark von links nach rechts in das folgende Koordinatensystem. Ordne den Gefühlen dann von unten nach oben die richtige Stärke zu.

gut finden (S. 15) | schwärmen (S. 30) | berühren (S. 77) | harmonieren (S. 85)

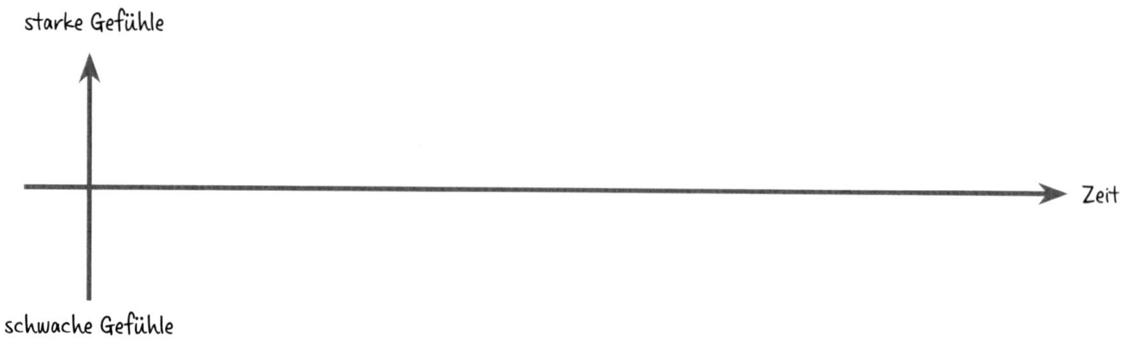

4. Verfasse einen Brief: Mark schreibt Fiona nach dem Amoklauf. Er erinnert sich an den Amoklauf und träumt von einer Zukunft mit Fiona.

Methode Denke dir eine Adresse für den Absender und den Empfänger aus. Ergänze dann die weiteren Bestandteile eines privaten Briefs: Datum, Anrede, Brieftext und Grußformel.

»Was wir dachten, was wir taten« im Unterricht © Beltz Verlag · Weinheim

Um uns herum die Hölle

Widerstand leisten oder besser nicht?

1. Markiere auf den Seiten 103 bis 161 die letzen sieben Wünsche des Amokläufers und trage sie in deine Liste ein (→ **k.5**).

2. Lies die Seiten 28 bis 34 und 156 und erkläre in einer Tabelle in deinem Heft, wer oder was Mark mutig werden lässt.

Kapitel	Mutmacher
»Fiona«	
»Mark«	

3. Stelle die Gefühle von Mark (blau) und Fiona (rot) im folgenden Koordinatensystem dar.

Tipp

Schreibe die folgenden Gefühle von links nach rechts auf:
Mark: gut finden (S. 26) – schwärmen (S. 54) – berühren (S. 147) – harmonieren (S. 156)
Fiona: geringschätzen (S. 11) – erkennen (S. 28) – danken (S. 63) – harmonieren (S. 156)
Ordne diesen Gefühlen dann von unten nach oben die richtige Stärke zu.

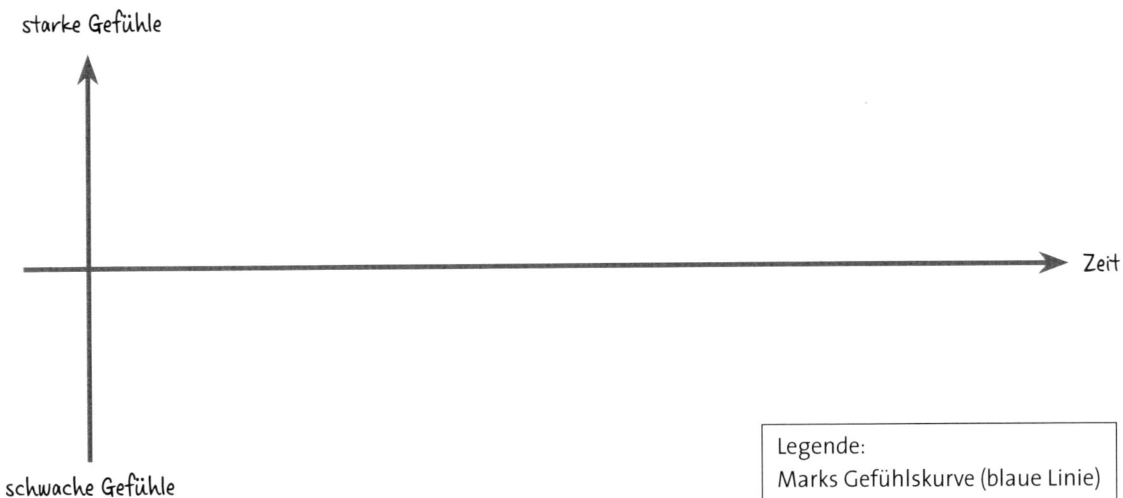

Legende:
Marks Gefühlskurve (blaue Linie)
Fionas Gefühlskurve (rote Linie)

4. Verfasse einen inneren Monolog, in dem Mark sich nach dem Amoklauf an die Ereignisse erinnert und von einer Zukunft mit Fiona träumt.

Methode

Versetze dich in Mark und schreibe deine Gedanken und Gefühle. Beschreibe zunächst, wo du dich gerade befindest. Wiederhole dann, was du erlebt und dabei gedacht und gefühlt hast. Beende deinen Monolog schließlich damit, was du dir wünschst oder wovon du träumst. Verwende die Ich-Form und übernimm Marks Sprechweise (kurze Sätze, Wiederholungen, Fragen, gesprochene Sprache).

»Was wir dachten, was wir taten« im Unterricht © Beltz Verlag · Weinheim

Um uns herum die Hölle

Widerstand leisten oder besser nicht?

1. Markiere auf den Seiten 103 bis 161 die letzen sieben Wünsche des Amokläufers und trage sie in deine Liste ein (→ **k.5**). Ordne ihnen die betroffenen Figuren zu (Spalte »Betroffene«).

2. Stelle die Situation, als Mark dem Amokläufer die Tür öffnet, der Situation gegenüber, als er ihm beim letzten Wunsch Widerstand leistet. Wer und was steckt dahinter?

Tipp: Ziehe dazu die Seiten 28–34 und 156 heran.

3. Stelle in einer Beziehungskurve dar, wie sich die Gefühle von Mark und Fiona durch den Amoklauf zueinander entwickeln. Was passiert zeitgleich mit Sylvester?

Methode: Die **Beziehungskurve** zeichnet die Gefühlslinien verschiedener Figuren in einem Koordinatensystem nach. Gib Marks (blau) und Fionas Gefühle (rot) von links nach rechts an. Ordne ihnen von unten nach oben die Stärke ihrer Gefühle zu. Die folgenden Eckpunkte könnten dir helfen: Mark über Fiona: gut finden (S. 26) – schwärmen (S. 54) – berühren (S. 147) – harmonieren (S. 156); Fiona über Mark: geringschätzen (S. 11) – erkennen (S. 28) – danken (S. 63) – harmonieren (S. 156).

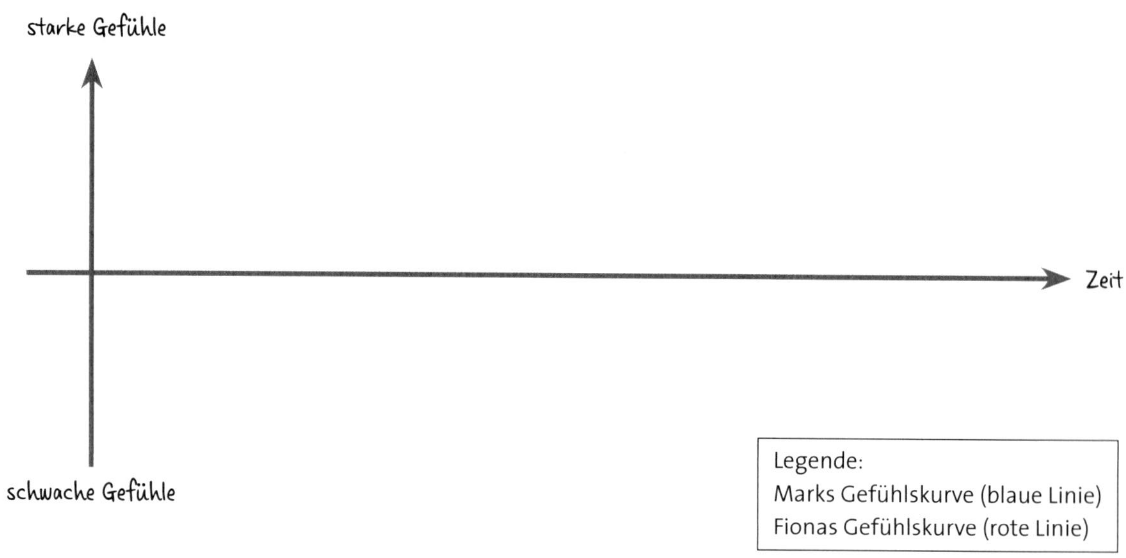

für Profis: Analysiere Marks Verhalten dem kleinen Mädchen gegenüber. Warum übernimmt er die Rolle des Beschützers?

4. Verfasse eine Drehbuchszene, in der sich Mark und Fiona nach dem Amoklauf treffen, sich an die vergangenen Ereignisse erinnern und Mark von einer gemeinsamen Zukunft spricht.

Methode: Das **Drehbuch** dient als Textgrundlage für die schauspielerische Umsetzung einer Szene. Beschreibe in einer Regieanweisung zunächst Ort und Zeit. Verfasse dann ein Gespräch zwischen Mark und Fiona in der direkten Rede. Ergänze danach Regieanweisungen in Klammern, wie Mark und Fiona bei einzelnen Sätzen sprechen sollen. Am Ende kannst du deine Szene in einem Rollenspiel aufführen (lassen).

»Was wir dachten, was wir taten« im Unterricht © Beltz Verlag · Weinheim

Mit der Stimme einer Frau

Die Maske des Amokläufers herunterreißen oder besser nicht?

1. Verbinde die folgenden Blasen mit der jeweils richtigen Figur.

Durch die Öffnungen in der Maske konnte ich zwei Augen erkennen. Sie waren dunkel. Aber vielleicht schienen sie so dunkel wegen dem Schatten, der auf seine Augen fiel. Kenn ich dich? …

… Stattdessen drehte er sich zur Tafel. Er nahm einen Stift und schrieb. Drei Worte nur. Woher kannte ich diese Schrift?

Ja, woher wusste der Unbekannte das. Das fragte sich wohl jeder von uns. War er womöglich einer von uns? …

… Mark

Herr Filler …

… Fiona

2. Lies die Seiten 90 bis 95. Ergänze die folgenden Lücken.

Der Amokläufer

trägt ________________ im Gesicht.

hält ________________ in der Hand.

hat ________________ Haare.

macht eine Ausbildung zur ________________.

heißt ________________.

3. Lies die folgenden Zitate. Beantworte dann die Fragen in deinem Heft.

»Du willst gar nicht sterben. Deine letzten Wünsche sind Rache – mehr nicht.« (Seite 90)
→ Was denkt Fiona: Warum läuft Beckie Amok?

»Ich will Gerechtigkeit. Nur ein Mal.« (Seite 91)
→ Was sagt Beckie: Warum läuft sie Amok?

4. Entscheide: Wer ist schuld an Beckies Amoklauf, wer nicht? Kreuze an.

Tipp: Ziehe dazu Beckies Abschiedsbrief auf den Seiten 96 bis 101 heran.

- ○ Greta
- ○ Tamara und Jan
- ○ Ida-Sophie
- ○ Lasse
- ○ Jill und David
- ○ Herr Filler
- ○ Fiona
- ○ Alina
- ○ Sylvester, Luca und Fabio
- ○ Mama und Papa
- ○ Mark

»Was wir dachten, was wir taten« im Unterricht © Beltz Verlag · Weinheim

Mit der Stimme einer Frau

Die Maske des Amokläufers unterreißen oder besser nich

1. Verbinde immer zwei Blasen miteinander und ergänze jeweils den richtigen Namen.

Ganz vage nur konnte ich durch die Maskenschlitze zwei Pupillen erkennen, dunkel, auf keinen Fall so leuchtend grün wie …

Ja, woher wusste der Unbekannte das. Diese Frage spukte wohl jedem von uns im …

Statt einer Antwort wandte er sich zur Tafel, nahm einen meiner nagelneuen Boardmarker und schrieb. …

… meine, aber vielleicht lag das auch bloß an dem Schatten, der auf seine Augenhöhlen fiel. Kenn ich dich?
(Name: ____________)

… Drei Worte nur, schwarz, nach rechts geneigt, ein wenig ungelenk. Woher kannte ich diese Schrift?
(Name: ____________)

… Kopf herum. Kam er aus unserer Stufe? War er womöglich einer von uns?
(Name: ____________)

2. Lies die Seiten 163 bis 173 und stelle dich als der Amokläufer vor.

Name: ____________

Haarfarbe: ____________

Alter: 17

Muttermal: ____________

Ausrüstung: ____________

Schule: ____________

Beruf: ____________

Freizeit: ____________

Familie: ____________

3. Leite aus den folgenden Aussagen ab, welches Tatmotiv Fiona vermutet und welches Motiv Beckie äußert.

Fiona:
»Du willst gar nicht sterben. Deine letzten Wünsche sind Rache – mehr nicht.« (S. 163)

↓

Vermutetes Tatmotiv:

Beckie:
»Ich will keine Rache, ich will Gerechtigkeit. Wenigstens ein Mal.« (S. 164)

↓

Behauptetes Tatmotiv:

4. Entscheide anhand von Beckies Abschiedsbrief auf Seite 170 bis 173, wer (hauptsächlich) die Schuld an ihrem Amoklauf trägt.

»Was wir dachten, was wir taten« im Unterricht © Beltz Verlag · Weinheim

Mit der Stimme einer Frau

Die Maske des Amokläufers herunterreißen oder besser nicht?

1. Verbinde immer drei passende Blasen miteinander. Wer hat welche Vorahnung zur Identität des Amokläufers? Schreibe den jeweiligen Namen in die nummerierten Felder.

1	Ganz vage nur konnte ich durch die Maskenschlitze zwei Pupillen erkennen, dunkel, auf …	… keinen Fall so leuchtend grün wie meine, aber vielleicht lag das auch …	… bloß an dem Schatten, der auf seine Augenhöhlen fiel. Kenn ich dich?
2	Ja, woher wusste der Unbekannte das. Diese Frage spukte …	… meiner nagelneuen Boardmarker und schrieb. Drei Worte nur, schwarz, nach …	… aus unserer Stufe? War er womöglich einer von uns?
3	Statt einer Antwort wandte er sich zur Tafel, nahm einen …	… wohl jedem von uns im Kopf herum. Kam er …	… rechts geneigt, ein wenig ungelenk. Woher kannte ich diese Schrift?

2. Lies noch einmal die Seiten 163 bis 173 und unterstreiche die Informationen über den Amokläufer. Beschreibe dann die wahre Identität des Amokläufers in einer Rollenbiografie in deinem Heft.

Methode

Die **Rollenbiografie** dient der Charakterisierung einer Figur. Überblicke die verstreuten Informationen zum Amokläufer (S. 163–173) und schreibe seine Biografie in der Ich-Form. Berücksichtige dabei Name, Alter, Aussehen, Schule/Beruf, Freizeit, Familie.

3. Vergleiche die folgenden Aussagen miteinander und erläutere, welches Motiv deiner Meinung nach tatsächlich hinter dem Amoklauf steckt.

Fiona: »Du willst gar nicht sterben. Deine letzten Wünsche sind Rache – mehr nicht.« (S. 163)	Tatsächliches Tatmotiv:	Beckie: »Ich will keine Rache, ich will Gerechtigkeit. Wenigstens ein Mal.« (S. 164)
↓		↓
Vermutetes Tatmotiv: →		← Behauptetes Tatmotiv:

4. Vervollständige mithilfe von Beckies Abschiedsbrief die Liste der letzten Wünsche auf **k.5** in Aufgabe 2 (Spalte »Gründe«).

5. Was sind Ursachen und der Auslöser für ihren Amoklauf und wer oder was trägt hauptsächlich die Schuld daran?

für Profis

Verfasse einen offenen Brief von Beckies Eltern, in dem sie über den Amoklauf ihrer Tochter nachdenken und sich dafür entschuldigen. Ein Auszug aus dem Brief der Eltern des Amokläufers von Winnenden findet sich im Internet auf: www.zeit.de/online/2009/12/winnenden-brief-der-eltern (Stand: April 2021).

»Was wir dachten, was wir taten« im Unterricht © Beltz Verlag · Weinheim

Wie nach der großen Schlacht

Ohne Worte auseinande
gehen oder besser nicht?

1. Erkläre die folgende Aussage von Fiona in deinem Heft.

»Irgendwie ... war sie gar kein Feind.« (Seite 102)

2. Lies die folgenden Zitate. Finde Adjektive, die die Veränderung der jeweiligen Figur beschreiben.

> Herr Filler stand einfach. Wie ein Filmstar, der einen Soldaten spielt. Er war unglaublich selbstsicher. Nie hatte ich gedacht, dass er Angst bekommt. Aber ich saß in der ersten Reihe. Und ich kann dir schwören, dass er jetzt große Angst hatte. (Seite 8)

Herr Filler vor dem Amoklauf: ______________ → Nach dem Amoklauf: ______________

> Mark war echt mutig. Das musste ich zugeben. Auch sein Protest gegen die Klausur war mutig. In ein paar Minuten war er vom Deppen aus der letzten Reihe zum Helden der Klasse geworden. (Seite 16)

Mark vor dem Amoklauf: ______________ → Nach dem Amoklauf: ______________

> »Aufschließen«, sagte ich. Leise, aber laut genug. Mark konnte es hören. Fabio schrie mich an: »Spinnst du? Damit bringst du uns alle in Gefahr!« Er lehnte sich zurück. »Jedenfalls ist das meine Meinung.« »Das ist keine Meinung«, entgegnete ich. »Das ist Angst. Auf so was hört man nicht.« (Seite 18 bis 19)

Fiona vor dem Amoklauf: ______________ → Nach dem Amoklauf: ______________

3. Übertrage den gesamten Amoklauf in einen Comic mit vier Bildern (»Die Idee«, »Die Vorbereitung«, »Die Durchführung«, »Der Abschluss«). Verwende ein Blatt oder dein Heft dafür. Hier findest du Vorschläge für die Lautmalereien aus dem Roman für deinen Comic.

Bamm! — Bong! — Bummbumm! — Krawumms!
Plitsch! — Plopp! — Paff! — Ritsch, Ratsch!
Zack! — Zisch! — Rumms! — Tadamm!

4. Lies die folgende Definition von »Karikatur«. Beantworte dann die Frage in deinem Heft: Wie wirkt Herr Filler auf dich: wie die Karikatur eines Lehrers oder wie ein echter Lehrer?

> Karikatur, die [Ka·ri·ka·tur] SUBST: eine Zeichnung, die durch satirische Übertreibung bestimmter charakteristischer Merkmale oder Eigenschaften eine Person oder Sache lächerlich macht.

»Was wir dachten, was wir taten« im Unterricht © Beltz Verlag · Weinheim

Ohne Worte auseinandergehen oder besser nicht?

Wie nach der großen Schlacht

»Irgendwie ... war sie gar kein Feind.« (Seite 174)

1. Erkläre in deinem Heft, was Fiona mit der folgenden Aussage meint.

2. Lies die Seiten 9, 28 und 33 und stelle fest, wie sich die Protagonisten während des Amoklaufs verändern.

or dem Amoklauf	Herr Filler: ______ ______ ______	Mark: ______ ______ ______	Fiona: ______ ______ ______
	↓	↓	↓
ch dem Amoklauf	Herr Filler: ______ ______ ______	Mark: ______ ______ ______	Fiona: ______ ______ ______

3. Übertrage den gesamten Amoklauf in einen Comic mit vier Bildern (»Die Idee«, »Die Vorbereitung«, »Die Durchführung«, »Der Abschluss«). Verwende ein Blatt oder dein Heft dafür. Hier findest du Vorschläge für die einzelnen Lautmalereien aus dem Roman für deinen Comic.

Bamm! Bong! Bummbumm! Krawumms!

Plitsch! Plopp! Paff! Ritsch, Ratsch!

Zack! Zisch! Rumms! Tadamm!

4. Schätze ein, ob es sich bei Herrn Filler um die Karikatur eines Lehrers handelt.

Tipp: Eine Definition des Begriffs »Karikatur« findest du im Internet auf: www.duden.de/rechtschreibung/Karikatur (Stand: April 2021).

»Was wir dachten, was wir taten« im Unterricht © Beltz Verlag · Weinheim

Wie nach der großen Schlacht

Ohne Worte auseinandergehen oder besser nicht?

1. Erkläre, woran Fiona bei der folgenden Aussage denkt. Durch welches Wort würdest du »Feind« ersetzen?

»Irgendwie ... war sie gar kein Feind.« (Seite 174)

2. Stellt mithilfe einer Placemat fest, wie sich die Protagonisten durch den Amoklauf verändern.

Methode

Mit der **Placemat** können Dinge einzeln erarbeitet und gemeinsam ausgewertet werden. Setzt euch zu viert um ein DIN-A3-Blatt und entscheidet, welchen der vier Protagonisten ihr jeweils bearbeitet. Notiert in einem ersten Schritt, wie sich Herr Filler, Mark und Fiona durch den Amoklauf verändern. Dreht in einem zweiten Schritt das Blatt im Uhrzeigersinn und überblickt alle Ergebnisse. Diskutiert die Ergebnisse in einem dritten Schritt und haltet die wichtigste Veränderung je Protagonist in der Mitte des Blattes fest.

3. Übertrage den gesamten Amoklauf in einen Comic mit vier Bildern (»Die Idee«, »Die Vorbereitung«, »Die Durchführung«, »Der Abschluss«). Verwende ein Blatt oder dein Heft dafür. Hier findest du Vorschläge für die einzelnen Lautmalereien aus dem Roman für deinen Comic.

Bamm! Bong! Bummbumm! Krawumms!

Plitsch! Plopp! Paff! Ritsch, Ratsch!

Zack! Zisch! Rumms! Tadamm!

für Profis

Prüfe, inwieweit das Wetter die Handlung im Hintergrund kommentiert. Ziehe hierzu die Seiten 11, 30, 49, 59, 61 und 176 heran und vervollständige den Comic entsprechend.

4. Schätzt ein, wie realistisch der Roman und wie authentisch die Figuren sind. Inwiefern gleicht Herr Filler einer Karikatur?

Info

Eine Beschreibung des realen Amoklaufs von Winnenden findet sich im Internet auf: www.focus.de/panorama/welt/winnenden/amoklauf-in-winnenden-tim-k-plante-wohl-noch-groesseres-massaker_aid_379459.html (Stand: April 2021).

»Was wir dachten, was wir taten« im Unterricht © Beltz Verlag · Weinheim

k.9

Was bleibt (1)

Die Ereignisse vergessen, oder besser nicht?

1. Diskutiert in der Klasse, ob und wie sich Beckies Amoklauf und Selbstmord hätten verhindern lassen. Berücksichtigt dabei die folgenden Aussagen aus dem Roman:

Kurzfassung des Romans	Originalausgabe des Romans
»Selbstmörder sind Feiglinge, und Amokläufer sind Idioten.« (Seite 99)	Beckie über den Amoklauf: »›Selbstmörder sind Schlappschwänze und Amokläufer sind Idioten.‹ Das hast du gesagt, Mark, ganz nebenbei.« (Seite 172)
»Vielleicht hattest du recht, Fiona. Vielleicht wollte ich wirklich nicht sterben. Aber jetzt ...« (Seite 93)	Beckie über den Selbstmord: »Vielleicht hattest du recht, Fiona. Vielleicht wollte ich wirklich nicht sterben. Aber jetzt ...« (Seite 166)

für Profis

Beschreibe, was Beckie selbst alles vor dem Amoklauf versucht hat. Ziehe dazu noch einmal Beckies Brief heran.

2. Lest den folgenden Text zum »Motiv des unerkannten Gegners« im Roman. Erklärt, was damit gemeint ist.

Info

Das literarische Motiv (lat. *movere* = bewegen) ist ein inhaltlicher Baustein, der mehrmals in einem Roman auftaucht. Indem es ein Thema mit einbringt, wirkt sich das Motiv stark auf die Handlung aus.

Im Roman stehen sich Bekannte als Feinde gegenüber, ohne es zu wissen. Das nennt man das literarische »Motiv des unerkannten Gegners«. Mark erkennt nämlich nicht, dass er seine alte Sitznachbarin vor sich hat. Ihm fehlt dazu der Instinkt. Auch Fiona sieht nicht, dass sie ihrer alten Nothelferin gegenübersteht. Sie hat sich von Beckie stark entfremdet. Und Herr Filler durchschaut nicht, dass er es mit seiner alten Beratungsschülerin zu tun hat. Er ist einfach zu sehr mit sich beschäftigt.

Die Lehrer und Schüler erkennen ihre (Mit-)Schülerin nicht. Sie verkennen sie sogar noch als Mann.

Subjektiv betrachtet sind Lehrer und Schüler unschuldig am Amoklauf. Objektiv gesehen machen sie sich aber doch schuldig. Das sagt zumindest Beckie. Sicher ist: Lehrer und Schüler haben die Bewährungsprobe nicht bestanden, die zum Kampf mit einem unerkannten Gegner gehört. Sie haben Beckie am Anfang nämlich nicht erkannt und damit nicht gestoppt. Und sie haben Beckie am Ende erkannt und dann noch angetrieben. Zu spät erkennen sie: Beckie ist kein Feind.

Insgesamt hat die Autorin Lea-Lina Oppermann mit diesem Kampf mit einem unerkannten Gegner das Bild der modernen ›Welt menschlicher Kontaktlosigkeit‹ (Elisabeth Frenzel) gezeichnet.

»Was wir dachten, was wir taten« im Unterricht © Beltz Verlag · Weinheim

k.9

Was bleibt (2)

3. Führt das Projekt »Speed-Dating« durch.

a) Erklärt in eigenen Worten, was mit dem Bild der »moderne Welt menschlicher Kontaktlosigkeit« gemeint ist (siehe Text bei Aufgabe 2) und was es zu Beckies Amoklauf und Selbstmord beigetragen hat.

b) Führt nun ein Speed-Dating in der Klasse durch, um der Kontaktlosigkeit etwas entgegenzusetzen.

> **Methode**
> Das **Speed-Dating** hilft, sich in kurzer Zeit (neu) kennenzulernen. Sammelt zunächst Fragen, die ihr euch gerne stellen würdet. Vereinbart dann ein Zeitlimit, an das ihr euch beim Fragen halten wollt. Setzt euch schließlich immer zu zweit gegenüber an einen Tisch und beginnt mit den Fragen. Sucht euch nach Ablauf der Zeit solange eine neue Partnerin/neuen Partner, bis ihr alle kennengelernt habt.

4. Überblickt noch einmal das Plakat mit euren Leseerwartungen (→ **k.2**). Markiert z. B. mit Klebepunkten, was sich erfüllt hat und was nicht.

5. Bearbeitet eine der folgenden beiden Aufgaben.

A Bewertet den Roman reihum mithilfe der Fünf-Finger-Methode.

B Zeichnet gemeinsam eine Video-Rezension zum Roman auf.

> **Methode**
> Die Fünf-Finger-Methode eignet sich für eine schnelle Evaluation bzw. für ein kurzes Feedback. Hebt reihum eine Hand und gebt pro Finger eure Meinung zu bestimmten Kriterien ab:
> - Daumen: Das fand ich top.
> - Zeigefinger: Darauf möchte ich hinweisen.
> - Mittelfinger: Das hat mir gestunken.
> - Ringfinger: Das war besonders berührend.
> - Kleiner Finger: Das kam mir zu kurz.

> **Methode**
> Für eine Rezension benötigst du die folgenden Informationen:
> - Angaben zu Autor, Titel, Verlag, Erscheinungsort und -jahr;
> - Einordnung des Buchs in ein Genre;
> - Angabe des Themas;
> - kurze Inhaltsangabe;
> - Darstellung der Aussageabsicht;
> - Auseinandersetzung mit Sprache, Stil und Erzähltechnik, auch Spannung;
> - persönliche Wertung oder Leseempfehlung.

»Was wir dachten, was wir taten« im Unterricht © Beltz Verlag · Weinheim

Lösungen und Lösungsvorschläge

k.2

1. Sicherheitsproblem, ruhig, schließen, Anweisungen
2. Mark Winter, Fiona Nikolaus, A[nton] Filler schreiben für uns Leser:innen.
3. Lea-Lina Oppermann hat für ihren Bruder geschrieben.

1. Sicherheitsproblem, Ruhe, geschlossenen, Anweisungen
2. Mark Winter, Fiona Nikolaus, A[nton] Filler schreiben für uns Leser:innen mit der Absicht, die Wahrheit vom Amoklauf zu berichten.
3. Lea-Lina-Oppermann hat für ihren Bruder geschrieben, um ihn zum Lesen zu animieren.

1. Sicherheitsproblem, Ruhe, geschlossenen, Anweisungen
2. Anlass: Amoklauf, Absicht: Wahrheit, Zielgruppe: Leser:innen, Textsorte: Augenzeugenbericht
3. Anlass: Fehlamokalarm, Absicht: Animation zum Lesen, Zielgruppe: Bruder, Textsorte: Kammerspiel

k.3

1. richtig, falsch (blau), falsch (zwei Jahre), richtig, falsch (fängt an zu schwitzen)
2. Filler, »Ich bin sicher, es kommt bald noch eine Durchsage. Wir bleiben solange bitte ruhig.«, (episches) Präteritum
3. Aline, (Beckie), David, Fabio, Fiona, Greta, Ida-Sophie, Jan, Jill, Lasse, Luca, Mark, Svea, Sylvester, Tamara
4. → i.4

1. blonde, zwei, Valérie, Pfannkuchen, Mathe/Sport/Geschichte, Sakko, rudern, Hausstaubmilben
2. Ich-Form, personal, Präteritum, direkte Rede
3. Aline, (Beckie), David, Fabio, Fiona, Greta, Ida-Sophie, Jan, Jill, Lasse, Luca, Mark, Svea, Sylvester, Tamara
4. → i.4

1. → u.3/Figuren
2. → u.3/Erzähltechnik
3. Aline, (Beckie), David, Fabio, Fiona, Greta, Ida-Sophie, Jan, Jill, Lasse, Luca, Mark, Svea, Sylvester, Tamara
4. → i.4

k.4

1. 6, 5, 4, 1, 2, 3 – Geisel
2. Pistole, schwarze Kapuze, weiße Maske (S. 21); mehrere Jacken, dunkle Hose, alte Turnschuhe, schwarzer Beutel, dunkle Augen (S. 23); nicht besonders kräftig (S. 30)
3. Lautsprecher, Türschloss, Schülerhandys
4. böse Väter (Lasse, Mark)

1. 9, 5, 4, 2, 1, 8, 7, 3, 6
2. Pistole, schwarze Kapuze, weiße Maske, Schnürsenkel, Kapuzenjacken, dunkle Hose, ausgelatschte Turnschuhe, schwarzer Beutel, grüne Augen
3. Lautsprecher, Türschloss, Schülerhandys
4. Mark: gewalttätiger Vater, Filler: übergriffige Brüder

1. »Schließt du …«, »Meint ihr, …«, »Was machen …«, »Gebt die Blätter …«, »Der [Amokläufer] würde …«, »Wir machen …«, »Und was, …«, »Wer bist …«, »Soll ich …«, »Aufschließen.«
2. → u.3/Figuren
3. Lautsprecher, Türschloss, Schülerhandys
4. → u.3/Themen und Motive

k.5

1. Ich will … Zimmer bemalen … (Fiona) / Ich wusste … überlegte mir … (Filler) / »Vielleicht läuft … ich die …« (Mark)
3. S. 38/Z. 5 ff., S. 42/Z. 22 f., S. 46/Z. 1 f. (Amokläufer)
4. Svea, Fabio, Amokläufer, Fabio, Ida-Sophie, Amokläufer, Svea

1. Mark: kein Matheunterricht, Fiona: Zimmer bemalen etc., Filler: auf Couch liegen etc.
2. »Erster Wunsch. Herr Filler, spucken Sie Greta ins Gesicht« / »Zweiter Wunsch. Tamara, tausch mit Jan die Klamotten« / »Dritter Wunsch. Svea, schneide Ida-Sophie alle Haare vom Kopf«
3. äußerer Grund: Angst vor Pistole; innerer Grund: Verachtung der Schüler
4. Fabio zückt an seinem Tisch im Klassenzimmer ein Klappmesser, weil Sveas Schere versagt. Als der Amokläufer ihn daraufhin entwaffnen will, versetzt er ihm einen Schlag, bekommt aber einen Schuss durch die Hand ab. Ida-Sophie wirft das Messer auf den Amokläufer; Svea rettet sie vor den folgenden Schüssen.

»Was wir dachten, was wir taten« im Unterricht © Beltz Verlag · Weinheim

□

1. Mark: kein Matheunterricht, Fiona: Zimmer bemalen etc., Filler: auf Couch liegen etc.
2. (s. ○ k.5)
3. äußerer Grund: Angst vor Pistole, innerer Grund: Verachtung der Schüler, → u.3/Themen und Motive

△ k.6

1. »Vierter Wunsch. Lasse, leer deine Taschen aus.« / »Fünfter Wunsch. David, gib Jill deinen BigMac zu essen.« / »Sechster Wunsch. Mark, zerstöre die Doktorarbeit.« / »Siebter Wunsch. Fiona, küss Sylvester.« / »Achter Wunsch. Luca, leg Alines Hand ins Feuer.« / »Neunter Wunsch. Hugo muss sterben.« / »Zehnter Wunsch. Macht dasselbe mit Sylvester.«
2. Fionas Nicken, Fionas Augen
3. ansteigende Gerade mit Höhepunkt »Harmonieren«

○

1. (s. △ k.6)
2. Mutmacher Fiona (Nicken, Anblicken)
3. zwei ansteigende Geraden mit Schnittpunkt »Harmonieren«

□

1. (s. △ k.6)
2. Fiona, Liebe
3. zwei ansteigende Geraden mit Schnittpunkt »Harmonieren«

△ k.7

1. Aufgabe 1: Fiona: Durch die Öffnungen ... / Filler: Stattdessen drehte er ... / Mark: Ja, woher ...
2. eine Maske, eine Pistole, braune, Altenpflegerin, Beckie
3. Fiona: Rache, Beckie: Gerechtigkeit
4. Schuld: Lehrer, Mitschüler

○

1. Ganz vage ... meine, aber ... (Name: Fiona) / Statt einer Antwort ... Drei Worte ... (Name: Filler) / Ja, woher ... Kopf herum ... (Name: Mark)
2. Beckie, braun, im Gesicht, Pistole, Stoffbeutel, Schule abgebrochen, Pflegeausbildung begonnen, Schusstraining/Beobachtungen, Mama/Papa (letztes Frühstück)
3. vermutetes Tatmotiv: Rache; behauptetes Tatmotiv: Gerechtigkeit; tatsächliches Tatmotiv: irgendwo dazwischen
4. Schuld: Lehrer, Mitschüler

□

1. 1 Ganz vage ... meine, aber ... / 2 Statt einer Antwort ... Drei Worte ... / 3 Ja, woher ... Kopf herum ... Vorahnung 1: Fiona, Vorahnung 2: Filler, Vorahnung 3: Mark
2. → u.3/Figuren
3. vermutetes Tatmotiv: Rache; behauptetes Tatmotiv: Gerechtigkeit; tatsächliches Tatmotiv: irgendwo dazwischen
4. Ursachen: Lehrer/Mitschüler, Auslöser: Mark(s Kommentar)

△ k.8

1. kein Feind oder Täter, sondern letztlich Opfer
2. Filler: selbstsicher/ängstlich, Mark: Depp/Held, Fiona: leise/laut
4. Übertreibung: erst sehr sicher, dann sehr unsicher, erst sehr anziehend, dann sehr abstoßend etc.

○

1. kein Feind oder Täter, sondern letztlich Opfer
2. Filler: stark/schwach, Mark: müde/wach, Fiona: aufgeregt/ruhig
4. Karikatur aufgrund von Übertreibung äußerer und innerer Merkmale

□

1. Fiona: Gedanken an Abschiedsbrief, Blick auf Blutlache, »Klassenkameradin« statt »Feind«, »Opfer« statt »Täter«
2. → u.3/Themen und Motive
4. Karikatur aufgrund von Übertreibung äußerer und innerer Merkmale

△ k.9 ○ □

1. Lehrer/Mitschüler: sorgsamere Wortwahl, Beckies eigene Versuche: Gespräch mit Vertrauenslehrer, Abgang von Schule, Selbstmordversuch von Bahnbrücke, dann erst Amoklauf (erst Ziel Gerechtigkeit, dann Selbstmord)
2. moderne Welt menschlicher Kontaktlosigkeit = Vereinzelung, Vereinsamung

»Was wir dachten, was wir taten« im Unterricht © Beltz Verlag · Weinheim